불행회로

요식업 시장, 살아남는 것이 성공보다 우선이다

불행회로
요식업 시장, 살아남는 것이 성공보다 우선이다

차 례

머리말 8
    3초를 위한 10시간

1 살아남는 것이 성공보다 우선이다 14

  1. 객기 부리지 마라, 전쟁이다 16
  2. 밥을 팔아 밥벌이를 한다는 것 22
  3. 고객에게 퍼주면 망하지 않는다고? 28
  4. 요리 장인 vs 음식점 사장님, 무엇이 되고 싶은 건가요 34
  5. 새로운 시작 3년 만에 성장할 수 있었던 비결 40
  6. 일단 그냥 해야 하는 것들 47
  7. 평범하고 현실적인 이야기에 답이 있다 58
  8. 현실은 책이 아니다 65
  9. 평범한 동네 가게가 되는 것이 우선이다 70
  10. 내 고객은 내가 정한다 76
  11. 이웃 가게는 경쟁상대가 아니라 동료다 81
  12. 청소가 망하지 않는 가게를 만든다 89

2 음식점 마케팅, 기본부터 탄탄하게 96

1. 마케팅을 왜 하는지 알고 하시나요? 97
2. 질문이 틀리면 답이 산으로 간다 101
3. 문제와 문제점을 명확하게 파악하기 106
4. 메뉴판은 최전선의 홍보 무기 111
5. 고객은 어리석은 아이와 같다 116
6. 내가 사장이라면 절대 하지 않을 일들 122
7. 음식점 마케팅을 한 마디로 설명한다면 127
8. 사는 이유, 사지 않는 이유 132
9. 새로운 메뉴 도입의 정석 136
10. 성공하는 메뉴와 음식점 143

3 더 깊은 이야기들 150

1. 틈을 찾아서 단단히 잡고, 벌려라   150

2. 멋있는 것이 맛있는 시대   157

3. 가게를 운영하는 당신에게 가장 필요한 능력   163

4. 마케팅은 절대 만만하지 않다   169

5. 아이디어는 뺏고 뺏기기 마련이다   175

6. 첫인상 3초. 거기서 승부가 난다   180

7. 혁신 말고 차별   187

8. 가게 운영은 아이들과 함께 뛰는 마라톤이다   192

9. 패키지, 퍼포먼스 그리고 스토리   198

10. 직원은 주인이 아니다   203

4 자주 하는 질문들   210
1. 광고를 하고도 매출이 떨어지셨다고요?   210
2. 음식이 맛있는데 왜 안 팔리냐고요?   212
3. 이런 가게를 인수하는 건 어떤가요?   214
4. 잘되는 프랜차이즈와 안되는 프랜차이즈의 차이는 무엇인가요?   216
5. 마케팅 비용은 어떻게 산정하나요?   217
6. 음식점 경험이 없는데 일단 가게를 열어도 될까요?   218
7. 몇 평짜리 가게가 좋을까요?   219
8. 좋은 입지나 상권을 구하려면 어떻게 해야 하나요?   220

머리말

3초를 위한 10시간

한 남자가 말쑥한 정장을 차려입고 최선을 다해서 무언가를 설명하고 있다. 그런데 앞에 앉은 사람의 눈빛이 심상치 않다. 이해를 못 하는 것이 분명하다. 설명하던 사람은 답답해한다. 왜 나의 말을 못 알아듣는지, 도저히 이해가 가지 않는다는 표정과 함께 인상을 찡그린다. 이렇게 잘 설명했는데 어디가 문제일지 모르겠다는 듯 고개를 절레절레 흔든다. 그리고 처음부터 다시 차분하게 설명해 보지만 별반 나아지지 않는다. 이제는 슬슬 도저히 이해하지 못하는 상대에게 짜증이 날 것 같다.

이번에는 반대편에 앉아서 설명을 듣는 사람 입장이 되어보자.

나를 설득하려고 열심히 준비해온 것은 느껴진다. 그런데 지금 내게 설명하는 내용이 대체 무엇인지 이해하기 어렵다. 자기 머릿속에는 잘 정리되어 있는지는 모르겠지만 내게 하고 싶은 이야기가 무엇인지, 무엇이 핵심인지 도통 알아먹을 수가 없다. 내가 이해하지 못하겠다는 눈치를 주자 처음부터 다시 설명한다. 그런데 바뀐 것은 하나도 없다. 이제는 슬슬 이 사람의 이야기를 더 듣는 것이 의미 없는 일이라는 생각이 들기 시작한다. 설명도 제대로 못 하면서 짜증 난다는 듯한 저 표정이 대체 뭐람.

살면서 많이 겪었던 장면이지 않은가? 대체 왜 우리는 이런 순간을 이렇게 자주 마주하는 걸까? 심리학자들이 답을 찾았다. 바로 '지식의 저주' 때문이다. 즉, 말하는 사람이 자신이 알고 있는 것을 상대도 알고 있다고 가정하면서 생각하는 편견이 있다는 것이다. 그리고 이런 문제가 계속되는 건 지식의 저주는 없어지지 않고 항상 우리 머릿속에 터를 잡고 있기 때문이다. 그래서 우리는 언제나 지식의 저주에 빠지지 않았는지 고민하면서 의사소통을 해야 한다. 특히나 마케팅을 업으로 삼아 먹고 살려고 한다면 가장 조심해야 하는 부분이다.

그뿐만이 아니다. 내 머릿속에 있는 지식의 저주를 이겨내는 것만으로는 부족하다. 그것을 이겨낸 이후라고 해도, 상대방이 이해하기 쉽게 말하는 건 또 다른 일이다. 절대로 쉽지 않다. 엄청난 고민과 번뇌가 뒤따른다. 한 문장으로 모든 것을 이해시킨다는 것, 정말 고통스러운 시간을 보내야 겨우 얻을 수 있는 결과다. 새하얀 종이를 깔아두고 새하얗게 밤새는 날들도 부지기수다. 남들은 쉽게 결과를 만들어오는데 나는 왜 이렇게 오래 걸리는 건지 정말 속이 터질 지경이다.

여기서 끝이 아니다. 방금 만든 문구가 다시 포스터나 그림 배경과 함께 상호작용을 일으킬 수 있도록 해야 한다. 하루에 시각을 통해 들어오는 정보는 셀 수 없이 많다. 넘쳐 흐르는 그 정보 중에서 내가 만든 글귀와 사진에 눈이 머무르는 시간은 길어야 3초 남짓이다. 그 3초 안에 나의 광고는 내 머릿속에 항상 존재하는 지식의 저주도 피하면서, 이해하기 쉬운 문구와 뇌리에 박히는 디자인으로 상대의 마음에 들어야 한다. 그림의 배치, 색의 종류와 깊이, 만약 영상이라면 음악까지 다 고민해서 최상의 성과를 만들어내야 한다. 3초. 너무나 짧은 시간이지만 나에게 주어진 것은 그것이 전부이다. 그래서 역설적으로, 그 짧은 3초를 위해 나는 수없이 많은 시간을 들이부어야 한다.

말 그대로 3초를 위한 10시간, 100시간이 필요하다. 그나마 그것도 숙련된 베테랑 마케터나 할 수 있는 일이다. 그 3초를 위해 100시간을 써도 부족할 때도 비일비재하다. 마케팅한다는 것은 그만큼 큰 부담감에 짓눌리고, 그 무게에 다리가 후들거리면서도 한 걸음씩 앞으로 나아가는 일이다.

내가 대한민국에서 최고로 마케팅을 잘한다고 생각하지 않는다. 우리 회사가 최고라고도 생각하지 않는다. 하지만, 얼마만큼의 책임감과 부담감을 어깨에 지고 가야 나의 고객이 성장하고 그들이 원하는 성공을 향해 도움이 될지는 항상 생각한다. 아마도 그런 생각이 우리를 이른 시간에 이만큼의 성과를 만들어낼 수 있게 한 원동력이 아니었을까 싶다.

그래서 우리는, 우리 회사와 함께 마케팅하면 무조건 성공할 거라는 장밋빛 거짓말을 늘어놓지 않는다. 우리가 할 수 있는 일, 할 수 없는 일을 명확히 구분하여 일을 진행한다. 우리는 정직하게 있는 그대로를 전달하면서 그 부담감을 정면으로 마주한 채로 더 나은 성과를 갈구한다.

새로운 프로젝트는 곧 새로운 도전이다. 또다시 3초를 위한 고통스러운 10시간, 100시간이 있을 것을 알면서 도전하는 일이 마케팅이다. 그러니 얼핏 보기에 멋진 직업이라고 해서 덤벼들어서는 안 된다. 원하는 것이 있다면 그만한 대가를 치러야 한다는 것을 뼛속 깊이 받아들일 준비가 되어야 시작할 수 있는 일이다. 대신 멋진 결과물이 나오고, 나와 고객 모두가 만족하는 좋은 마케팅 성과가 만들어지면 그만큼 짜릿한 것도 없다. 그런 보상이 없다면 아마도 마케터로 쭉 살아갈 수 있는 사람은 없을 것이다.

오늘도 우리 회사에는 마케팅과 관련되어 무언가를 배우고 싶어 하는 사람들이 찾아온다. 교육 수강생도 있고 인터뷰를 하러 온 학생들도 있다. 성과물들을 보고 그 과정을 설명하는 시간이 있고, 그런 배움이나 인터뷰가 마무리될 때쯤 이런 이야기를 듣는다. '생각만큼 마케팅이 어려운 건 아니네요', '마케팅이라는 건 참 재밌어 보이네요. 해보고 싶어요'.

그러면 나는 빙긋 웃는다. 그리고 호흡을 한번 가다듬고 진지하게 이야기를 꺼낸다.

"저기요. 혹시 3초를 위한 10시간, 100시간에 대해 들어보셨을까요?"

1

살아남는 것이 성공보다 우선이다

1 살아남는 것이 성공보다 우선이다

저희는 마케팅하는 사람들입니다. 간단하게 설명하자면 수단과 방법을 가리지 않고 고객의 가게에 사람들이 많이 찾아오게 하면 됩니다. 그 이상을 한다고 해서 돈을 더 버는 것도 아닙니다. 따라서 지금 이 장에서 하는 이야기는 과도한 오지랖일 수도 있습니다. 하지만 이런 이야기를 해야만 하는 이유가 있습니다.

저희를 찾아온다는 것은 무슨 의미일까요? 두 가지입니다. 하나는 물 들어올 때 노 젓고 싶은 분들입니다. 내지는 가게를 열자마자 손님이 몰아쳐 들어오길 바라는 분들도 있습니다. 이런 분들은 대부분 이미 기존에 다른 가게를 통해 많은 경험을 하거나 여유 자본이 있는 분들입니다. 일단 손님이 많이 들어오면 그때 가서 주방이나 홀 서빙의 문제도 유연하게 대처할 자신도 있고 식자재 거래처도 잘 갖춰져 있는 경우입니다.

이럴 때는 저희가 오지랖을 부릴 이유가 없습니다. 저희는 말 그대로 성과를 보여드리고 그 성과에 합당한 비용을 지불받으면 됩니다. 할 일만 해드리면 각자 웃으면서 돌아설 수 있죠. 이런 분들은 가게를 경영하는 사람으로서 마케팅이 운영의 한 부분임을 아는 분들입니다. 일하기 너무 편하고 좋습니다.

하지만 이것이 우리가 마주한 현실은 아닙니다.

저희를 찾아오시는 두 번째 부류는 상황이 다릅니다. 돈을 많이 벌려는 것은 나중의 일입니다. 일단 지금 매출 상태로는 얼마 가지 못해서 공중 분해될 것을 느끼고 어떻게든 돌파구를 마련하려는 분들입니다. 말 그대로 산소 호흡기가 필요한 상황입니다. 저희 관점에서 쉽고 냉정하게 일을 하려고 든다면, 앞서와 같이 손님이 많이 오시도록 유도만 하면 됩니다. 그러면 끝입니다. 하지만 그렇게 손님이 찾아오도록 만들어도 아무것도 바뀌지 않습니다. 이 가게가 지금처럼 매출이 좋지 않은 데에는 반드시 이유가 있습니다. 이야기를 나눠보면 '입지가 좋지 않다.', '주변 유명 음식점이 사람을 다 쓸어간다.', 등등 많은 이유를 들이대시지만 자기 가게의 문제가 무엇인지는 잘 모르거나 말씀하지 않는 경우가 많습니다.

환자에게 약을 쓰려고 해도, 환자의 기초 체력이나 기본 건강상태가 좋지 않으면 약을 쓰지 못합니다. 약을 쓸 수 있을 만큼 몸 상태가 갖춰져야 약도 쓸 수 있습니다. 3일을 굶은 사람에게는 아무리 귀한 산해진미를 주고 싶어도 일단 죽부터 먹이면서 장기를 달래야 합니다. 이렇듯 여러분의 가게를 살리고 싶어도, 지금 당장 고객을 많이 모아도 당신의 가게는 담지 못합니다. 근본에서부터 다시 생각해야 합니다. 어째서 이런 상황이 벌어졌는지부터 확인하고, 대안을 마련해서 해결하고 가야 합니다.

이번 장에서는 그런 이야기들을 드리려고 합니다. 수많은 컨설팅을 다니면서 보고, 느끼고, 생각한 것들입니다. 여러분은 여러분의 가게를 냉정한 외부인의 시선으로 바라보기 어렵지만, 저희는 그렇지 않습니다. 그 현장에서 저희가 느끼는 것들을 함께 느껴봐 주시길 바랍니다.

1. 객기 부리지 마라, 전쟁이다

회사가 자리를 잡고 높은 성과를 내기 시작했다. 그러다 보니 최근에는 다양한 분야의 사업을 확장하면서 새로운 것들을 배우고 있다. 하지만 우리의 시작점, 그리고 지금의 메인 사업 아이템은 여전히 음식점 마케팅이다. 수많은 음식점을 다니면서 홍보용 사진 촬영을 하고, 상담하고, 더 나은 매출 상승 방안을 고민했다. 물론 우리가 직접 음식점을 운영한 것은 아니다. 하지만 간접적으로 충분한 경험을 했다고 자신 있게 이야기할 수 있다. 어느덧 가게를 둘러보고, 사장님과 몇 마디 이야기를 나눈 뒤에 촬영을 위해 준비된 음식을 보면 대충 이 가게가 될지 안 될지 판단이 된다. 말 그대로 '되는' 가게와 '안 되는' 가게를 알아챌 수 있는 정도는 되었다고나 할까.

그 과정에서 느낀 것들을 한마디로 정리하자면, 장사는 '유리한 고지를 뺏긴 상태에서 치르는 전쟁'이라는 것이다. 특히 음식점 장사는 더욱 그렇다. 이미 유명한 음식점은 너무 많다. 그리고 좋은 상권에 있는 가게를 얻으려면 임대료와 권리금이 어마어마하다. 그런 것들을 이겨내고 자리를 잡으려고 하면, 새로운 경쟁자가 또 등장해서 내 자리를 노린다. 정말 치열하고 살벌하다.

그런데 현장에서 사장님들을 만나다 보면 당황스러울 때가 한두 번이 아니다. 흔히 말하는 것처럼 '무식하면 용감하다'고, 단순히 내 가게에 대한 로망만으로 가게를 시작한 분들이 너무 많다. 평소에 요리를 잘하는 편이어서, 은퇴 자금으로 조그마한 장사라도 해보려고, 등등의 이유로 장사 시작했다는 분들을 만나면 속이 탄다. 당연히 우리도 최대한 도움이 되어 그 가게를 잘되게 해드리고 싶다. 하지만 장사는 전쟁이다. 그리고 가게는 전쟁터다. 현실을 너무 모르는 사장님들을 겪다 보면 준비가 되지 않은 상태에서 음식점을 시작하는 것이 얼마나 무모한지 알려드리고 싶다. 이 일을 하면 할수록 점점 더 강하게 드는 생각이다.

- 인력 관리

직원은 사장이 아니다. 어려운 일이 아니니 직원이 사장만큼 못할 이유가 없으리라 생각하겠지만, 그것은 완전히 잘못된 판단이다. 일하는 동기가 서로 다르다. 만약 직원이 나만큼 열심히 한다면, 그 직원은 얼마 지나지 않아 자기 가게를 차릴 사람으로 생각해도 된다. 언제나 기대치를 채워주는 직원은 없을 것으로 보고, 부족한 부분은 내가 채워야 한다고 생각하는 편이 훨씬 낫다.

그런데 직장 생활에 익숙했던 분들은 자기가 다니던 직장의 규칙을 그대로 적용하려고 든다. 이 사고방식은 백이면 백 모두 실패한다. 자리에 앉아서 아래 직원의 성과를 검토하듯, 직원들이 청소며 설거지며 재료 준비를 다 해놓은 다음에 그 결과만 확인 하려 드는 사장 밑에서 일할 사람은 아무도 없다. 이전에 내가 다니던 직장과 내가 지금 연 가게는 완전히 다르다. 직원과 사장이 함께 유기적으로 돌아가야 한다. 그리고 그 유기적으로 돌아가는 가운데서 축이 되어 더 열심히 일해야 하는 것은 사장이지 직원이 아니다.

물론 능력 있는 직원들이 함께 성장하는 가게들이 없는 것은 아니다. 여러 개의 매장을 한꺼번에 운영하는 사장님들은 매장에서 직원들과 함께 일하고 있지 않으면서도 잘되는 가게를 만들어낸다. 이런 경우에는 대부분 직원이 사장과 함께 일할 뚜렷한 이유가 있다. 오랫동안 옆에서 같이 일했던 점장이 지분을 가지고 가게를 오픈했거나, 혹은 매장을 관리하는 점장이 임금을 많이 받는 경우이다. 그리고 내가 만나본 경험으로는 점장이 지분을 가지고 운영하는 경우가 훨씬 많았다. 점장이 그 매장의 주인인 셈이기도 하다 보니, 가게의 성공을 위해 부단히 노력하게 되는 구조가 만들어져 있었다.

그렇다고 해서 사장 관점에서 무턱대고 사람을 뽑아서 점장 타이틀을 주고 회사의 지분을 공유하는 일은 없다. 가게를 여러 개 운영하는 사장들은 오랜 시간에 걸쳐서 운영을 잘하는 직원들을 눈여겨 봐둔다. 그리고 그 사람에게 다른 가게를 오픈할 때 지분 투자를 할 수 있도록 좋은 조건으로 제안을 한다. 제안받은 직원은 그 가게가 성공하리라 판단하면 점장으로서 함께 투자할 것이고, 그러면 공동 운명체가 되어 사장과 점장이 매출 상승에 노력을 다할 것이다. 그 외에 경험도 없이 단순히 투자금만 들고 와서 지점을 열게 해달라는 사람과 함께 일하는 경우는 한 번도 보지 못했다.

또 한 가지, 전문 요리사가 필요한 음식점을 운영하는 것도 고민해 봐야 한다. 유명한 셰프를 모셔다가 음식점을 열었다면 그 음식점은 그 셰프가 하자는 대로 운영할 수밖에 없다. 내 가게인데 현실은 요리사의 가게가 되는 셈이다. 나중에 가게가 잘 되면 셰프의 한마디에 가게는 바람 앞에 촛불처럼 이리저리 흔들리게 된다. 가게가 잘 안되더라도 셰프는 운영에 대한 책임이 없다. 자기 할 일은 다 한 셈이 되기 때문이다. 즉, 음식점에서 대체 불가능한 인력을 고용한다는 것은 정말 엄청난 위험을 안고 가는 것이다. 프랜차이즈 중국 음식점에서 왜 메뉴를 최소화하고, 정식 요리사 없이 누구나 할 수 있는 레시피와 조리 방법으로 음식을 만드는지 이제는 이해할 수 있기를 바란다.

셰프 뿐만이 아니다. 내 가게라는 전쟁터에서 일하는 직원에게 이 일은 자기가 꼭 하고 싶은 일이 아니며, 먹고 살려고 보니 하는 일일 뿐 주인의식을 가질 이유가 전혀 없다. 그런데 사장님이 뒷전에 앉아서 지시만 내리고 있으면 어떤 결과가 생길까?

당신의 가게에서 일어나는 전쟁을 두고 싸워야 하는 명확한 이유를 가진 사람은 하나다. 내가 맨 앞에서 최대한 모든 것을 다 해내야 한다. 그러니 어렵고 힘든 일은 사람을 뽑아서 시키면 된다는 발상은 지금 당장 머릿속에서 지우길 바란다.

이 이외에도 음식점을 열고자 하는 분들의 환상을 깰 이야기는 수없이 많다. 공급망 관리, 재료 관리, 재고 관리, 고객서비스, 메뉴 개발, 평판 관리, 마케팅, 코로나와 같은 돌발사태로 인한 매출 급감 등등. 아마 그 이야기를 모두 듣고 나면 음식 장사를 한다는 것 자체를 다시 원점에서 고려할 정도가 될 것이다. 아마도 '대체 그럼 저 많은 음식점이 어떻게 장사를 하는 건가?' 하는 질문이 들 만하다.

그래서 대부분 음식점은 성공하지 못한다. 통계청 자료를 확인해 봐도 숙박 및 음식점업의 경우 1년 생존율이 65% 내외, 5년 생존율은

20% 내외, 10년 이상 생존율은 약 7% 내외이다. 가게를 연 지 1년 만에 폐업할 확률이 1/3을 넘는다는 것이다. 이 경우에는 초기에 들어간 인테리어 비용 회수는 거의 불가능하며, 가게를 접는다고 해도 당신을 대신할 임대인을 구하지 못하면 향후 최소 1년간은 월세도 내야 한다.

5년을 버틴 음식점이 20%라는 것은 주변에 있는 음식점의 열에 여덟은 5년 안에 망한다는 것이다. 마찬가지로 10년 이상 음식 장사를 할 확률은 10%도 되지 않는다. 열에 아홉은 망한다는 이야기다. 이게 현실이다. 마냥 장밋빛 미래를 그리면서 시작할 일이 절대 아니다.

초, 중, 고를 거쳐 총 12년간의 학창 시절에 상위 10%에 들어가는 성적을 내기가 어려웠다면, 음식점을 10년 운영한다는 것은 그보다 더 어려운 일이다. 치열하게 고민하고, 더 치열하게 준비하고 끊임없이 공부하면서 배워야 가능한 일이다. 그만큼의 각오가 되어 있는지 반드시 돌아봐야 한다. 근거 없는 자신감으로 객기를 부릴 일이 아니다. 다시 말하지만, 음식점 장사는 전쟁이고, 당신의 가게는 전쟁터이며, 당신은 그 최전선의 군인이다.

이 이야기를 듣고 나서도 이 악물고 도전해보겠다면, 그만큼 절실함을 품고 있다면 전쟁터에 서 있는 한 사람으로서 당신을 두 팔 벌려 환영한다. 원래 어려운 일일수록 성공했을 때 성취감이 높은 법이다. 이 힘든 전쟁터에 멋진 동료로 남아주시길, 서로 상생하며 성장할 수 있는 전우가 되어주시길 부탁하고 싶다.

2. 밥을 팔아 밥벌이를 한다는 것

사람은 먹지 않고 살 수 없다. 아무리 적게 먹는다고 해도 하루에 한 끼는 꼭 먹는다. 또한, 1일 1식이 아무리 유행한다고 해도 보통 사람들은 하루에 최소 끼니 두 번은 챙겨 먹는다고 봐야 한다. 그리고 음식을 다 먹고 나면 배꼽시계는 다시 처음으로 돌아가서 시간을 잰다. 그러다 5~6시간이 지나면 다시 무언가를 먹으라는 신호를 보낸다. 인간이 이렇듯 매일 매일 무언가를 먹어야 하는 존재라는 특징 때문에 음식 장사가 가능하다. 또한, 기회만 주어진다면 다양한 종류의 먹거리를 찾는 것도 인간의 본능이다. 즉, 인간이 태어나는 것과 동시에 수요가 발생하는 셈이니 인류가 멸망할 때까지 이 장사는 없어지지 않고 존재할 가능성이 크다.

먹는다는 것과 관련된 또 하나의 특징이 있다. 가능하다면 더 맛있는 음식을 먹고 싶어 한다. 절대적인 맛의 기준은 정할 수 없지만 다채로운 선택에서 얻어지는 다양한 형태의 감칠맛을 선호한다고 볼 수 있다. 가난하던 시절에는 말 그대로 열심히 돈 벌어서 '쌀밥에 고깃국'을 먹는 것이 목표였다면, 이제는 경제적으로 윤택해져서 전 세계의 다양한 음식을 먹으면서 미각을 자극할 기회를 얻는 것이 더 중요해졌다. 점점 더 새로운 형태의 맛을 느끼고 싶어 하며, 같은 재료라고 해도 더 신선하거나 더 나은 조리법이 적용된 음식을 먹고 싶어 한다.

하지만 단순히 새로운 맛을 느끼는 것이 맛있는 음식의 기준은 아니다. 음식은 과거의 기억을 자극하는 도구이기도 하며, 익숙한 맛이라고 해도 그 음식에 부여된 의미를 통해 맛을 느낀다. 당신의 머릿속에서 행복했던 순간을 떠올려보라. 어떤 형태로든 사람들이 떠올리는 누군가와 함께한 순간에 대한 기억에는 대부분 음식이 함께 있다.

가족의 생일에는 멋진 음식점에서 외식하면서 축하를 하고, 중요한 모임이나 소중한 사람을 만날 때에도 언제나 좋은 음식이 함께한다. 슬프고 힘들 때도 마찬가지다. 포장마차 천막 위로 비 내리는 소리를 들으면서, 친구와 꼼장어와 소주를 마시면서 힘든 시간을 달랜다. 아파서 병원에 누워있을 때, 죽 한 그릇을 사 들고 찾아오는 지인들에게서 죽보다도 더 따뜻한 마음을 느낀다. 이것이 우리 사는 모습이다. 오죽하면 진화론자들은 '좋은 사람들과 맛있는 음식을 먹는 것'을 행복의 정의로 사용하기도 할 정도이다.

이렇듯 먹는다는 것이 곧 산다는 것과 밀접하기 때문일까? 신기하게도 사람들은 하던 일이 잘 안되면 '다 때려치우고 음식 장사나 할까?' 하는 이야기를 한다. 아마도 그 말 속에는 내가 음식점 장사를 하면 적어도 가족을 굶기지 않을 수 있을 것 같다는 막연한 기대가 숨어있는지도 모르겠다. 장사가 잘되면 돈을 벌어서 가족의 밥벌이를 책임지고, 장사가 잘 안 되더라도 내 가게에서 만든 음식으로 가족들 밥은 굶기지 않을 수 있다는 막연한 안도감을 가지는 것 같다.

하지만 이 생각은 틀렸다. 장사를 업으로 하려면 일단 잘 팔아야 한다. 필요한 만큼 돈을 벌지 못하면 어떤 장사든 지속할 수 없다. 그리고 내 가족에게 제일 좋은 음식을 줄 수도 없다. 예를 들어 우산을 파는 사람은 멀쩡한 우산은 모두 팔고, 정작 자기는 상태가 좋지 않은 우산을 쓰고 집에 돌아오는 법이다. 바가지를 만드는 사람은 예쁜 바가지는 팔고 못생기거나 깨진 바가지를 자기가 쓴다. 친한 해물 전문점 사장님의 경우 수조의 싱싱한 해물은 모두 손님에게 나가고, 정작 자기는 냉동실 핫도그를 전자레인지에 돌려서 20초 만에 식사를 때우는 일이 대부분이었다. 식사를 하는 것이 아니라 때운다는 표현을 해야 하는 것이 안타깝지만, 그것이 장사하는 사람들의 현실이다.

또 한 가지 현장 직접 보고 느낀 것이 있다. 보통 사람들이 음식점을 열기 위해 가장 필요한 것이 무엇일까? 대부분은 가게 여는 비용의 80%는 대출이었다. 빚이라는 이야기다. 그런데 더 놀라운 것은 많은 사람이 그 대출을 빨리 갚겠다는 고민은 하지 않았다. 자본주의 사회에서 빚을 잘 쓰는 것이 성공의 필수 조건이라고 이야기하면서 행복 회로를 돌린다. 빚이든 뭐든 돈을 구해서 가게를 열고, 매출이 잘 나올 테니 직원들을 더 채용하며, 가게를 운영하는 자신은 골프를 즐기며 다른 가게를 하려고 상권을 찾아다니는 꿈을 꾼다. 대출은 큰 문제가 아니며 곧 갚을 것이라는 큰 착각을 가지고 또 다른 사업을 진행하려고 준비하고 있는 모습을 많이 마주했다. 행복 회로로 포장된 불행 회로를 열심히 돌리고 있는 모양새다.

이 상황이 우리가 만나는 최악의 유형이다. 이들 중 많은 사람이 대출을 갚기는커녕 직원들 월급도 밀리며, 거래처에 미납금이 쌓여있는 상황까지 벌어지게 한다. 제발 눈앞에 있는 것부터 해결하고 나서 다음 단계를 밟아야 하는데도 말이다. 시간이 지나서 돈이 급해지면 주변의 가까운 사람들에게서 돈을 구하고, 차츰 그 사람들의 삶도 망가뜨리는 경우가 발생한다.

또 한 가지 주의해야 할 것이 있다. 내가 만든 음식을 누군가가 맛있게 먹는 모습을 보는 것이 좋아서 음식점을 하려는 경우도 있다. 물론 그 취지는 공감할 수 있다. 재료들이 한 곳에 어우러져서 내가 원하는 맛을 만들어내는 성취감도 있고, 그 음식을 누군가 맛있게 먹으면 나는 세상에 쓸모 있는 사람이 된 기분도 들기 마련이다. 앞서 말했던 '좋은 사람들과 맛있는 음식을 먹는 것'에 더해, 그 맛있는 음식을 내가 만들었다면 이전보다 더 큰 행복을 느낄 수 있을 것이다. 누군가에게 즐거움을 준다는 것이 곧 나의 행복과도 밀접한 관계가 있기 때문이다.

하지만 분명히 열심히 요리했는데 먹는 사람에게 맛이 없다는 말을 들을 때도 있다. 아니면 아무 말 하지 않았지만, 열심히 만든 음식을 반도 먹지 않고 남긴 채로 자리에서 일어나는 사람이 있으면 그 스트레스가 생각보다 크다. 정성을 기울였지만, 그 마음이 받아들여지지 않아서 서운해진다. 그 순간에 상대방이 배가 불러서 남겼다고 생각하면서 아무렇지 않게 넘길 수 있는 사람은 아마 없을 것이다. 어머니가 제일 서운해하실 때는 자식이 반찬 투정을 할 때이고, 아이가 유치원 실습시간에 만들어온 김치는 무조건 세상에서 제일 맛있는 음식인 것처럼 먹는 모습을 보여줘야 한다. 이렇듯 음식이란 서로의 감정을 연결하는 가장 민감한 매개체이기도 하다.

주의할 것이 있다. 이 모든 순간이 내가 누군가에게 음식을 대접하거나, 또는 대접받았을 때 해당하는 이야기이다. 음식 장사를 할 때는 완전히 상황이 달라진다. 상대는 이미 대가를 지급하기로 했고, 당신은 그 금액에 합당한 음식을 제공할 의무가 있다. 이제는 전문가로서 성과를 내야 한다. 프로의 세계에서는 핑계는 통하지 않는다. 이유 여하를 막론하고 당신은 맛있는 음식을 만들어야 한다. 그것도 내가 아니라 상대방 입맛에 맛있는 음식이어야 한다. 그렇지 않으면 매출 감소가 발생한다. 피할 수 없는 현실이다.

마지막으로, 많은 자영업 중에서 음식점을 선택한 것은 요리에 대한 즐거움이 있기 때문일 것이다. 그러나 단순히 그 즐거움만으로 음식점을 운영하는 스트레스를 이겨내기는 쉽지 않다. 아무리 좋아하는 일이라고 해도 취미생활로 할 때와 일로써 마주할 때는 천지 차이다. 똑같이 짜장면을 만들어도 주말에 음식 봉사하러 가서 보육원 아이들에게 만들어주는 짜장면은 나를 즐겁고 보람있게 만들어주지만, 점심시간에 몰아치는 짜장면 주문은 스트레스를 몰고 온다는 이야기다. 그리고 원래 세상의 모든 일은 좋아하는 일 하나에 하기 싫은 일이 두 개가 세트 메뉴처럼 존재한다. 음식을 만드는 순간이 재미있고 즐겁다고 해도, 그 순간을 마주하기 위해서는 수많은 하기 싫은 일이 함께 온다. 가게 청소, 고객 응대, 재료 관리 등. 그러니 그런 하기 싫은 일을 참아낼 생각이 없다면 단순히 요리에 대한 열정만으로 음식점을 차리는 것은 너무나 고

생스러운 일이다.

 그러니 누군가에게 맛있는 음식을 만들어주는 것이 좋다거나, 요리하는 그 자체가 즐겁다는 낭만 가득한 마음으로 음식점을 열 생각은 하지 마라. 물론 그런 마음이 바탕에 있어야 음식 장사를 시작할 수 있는 것은 맞다. 그래도 더 큰 대전제를 잊으면 안 된다. 세상의 모든 밥벌이는 힘들고 어렵다. 그리고 장사가 잘되지 않으면 망해나가는 것이 모든 장사에 공통으로 적용된다. 음식 장사를 하면 내 가족은 건사할 수 있을 거라는 철부지 같은 생각을 가지고 해낼 수 있는 일이 아니다.

 대신 이 모든 것을 감내할 의지가 있다면, 음식 장사만큼 가치 있는 일도 없다. 짧은 시간에 누군가에게 삶을 영위할 원초적인 에너지를 주는 셈이기 때문이다. 맛있는 점심은 정신없이 바쁠 오후를 버티어 낼 힘이 되어주고, 사람들과 어울린 술자리의 푸짐한 안주는 하루의 스트레스를 풀고 새로운 내일을 시작할 힘이 되어준다. 설득도 설명도 필요하지 않은 최고의 위로라고나 할까.

 내 가게를 한 번 돌아보자. 구석구석 놓치지 않고 꼼꼼하게 확인해보자. 나는 처음에 어떤 마음으로 이 가게를 시작했나? 내 가게에 왔던 고객들은 만족스러운 얼굴로 돌아갔나? 귀찮더라도 꼼꼼하게 청소하고 이 가게를 가꾸었나?

 밥을 팔아 밥벌이를 한다는 것. 힘들고 어렵다. 다만 힘들고 어려운 것으로 끝나서 시간이 흐름에 따라 나를 주저앉히는 일이 될 것인지, 아니면 힘들고 어렵지만 하루의 끝에서 뿌듯함이 남는 일이 될 것인지. 선택은 당신에게 달려있다.

3. 고객에게 퍼주면 망하지 않는다고?

컨설팅 초기의 일이다. 우리는 성공 사례를 많이 쌓아야 했다. 그래서 거의 재능 기부에 가깝게 일을 하기도 했고, 모르는 고깃집에 들어가서 사진을 찍어 보여주고 온라인 마케팅을 해보자고 사장님을 설득해서 일을 받기도 했었다. 보정까지 마친 사진 속의 음식은 정말 맛있어 보였고, 우리도 최선을 다해 광고했다. 그 이후 가게에 사람이 모이기 시작했고, 가게 사장님도 온라인 마케팅이 효과가 있다면서 기뻐했다. 이 일을 하면서 가장 보람을 느낀 순간 중 하나다.

그 이후로도 가끔 그 가게로 직원 회식하러 가곤 하고, 종종 개인적으로도 들러서 가게를 살필 때마다 가게는 손님들로 북적였다. 그 가게는 특별히 뛰어난 맛이 있는 것은 아니었지만 가격이 매우 저렴했다. 이 정도 맛에 이 정도 가격이면 이 가게를 마다할 사람이 없을 것 같았다. 그래서 굳이 우리가 광고하지 않았어도 시간이 흐르면 사람들이 많이 찾을 가게가 되었을 거라는 생각을 하곤 했다.

그 당시만 해도 가게의 전반적인 운영에 관해 이야기를 나누거나 할 만큼 친하지는 않았다. 그래서 사장님께 이렇게 팔아서 뭐가 남느냐고 웃으면서 인사치레로 이야기를 건네고는 했다. 하지만 분명히 손님이 워낙 많은 편이어서 걱정은 하지 않았다. 하지만 2년 정도 시간이 흐른 후, 사장님이 가게를 내놓는다는 말씀을 하셔서 깜짝 놀랐다. 그래서 자초지종을 물어보니 사장님의 대답은 이랬다.

"가게에 손님이 없는 건 아니에요. 점심에도 된장찌개, 김치찌개 장사를 해서 곧잘 매출이 나고 있어요. 저녁은 보다시피 항상 테이블이 부족할 정도로 손님이 있고요. 감사한 일이지요. 그런데 정작 2년간 수익이 크게 늘거나 한 게 없어요. 매출은 4천~4천5백 사이로 나오는데, 거기서 이래저래 들어간 것 빼면 실제 수익은 한 450만 원 남짓 남아요. 물론 그 돈이 적은 돈은 아니겠지만, 나하고 와이프하고 쉬는 날도 없이 하루에 12시간 넘게 매달려 있어야 하는데 도저히 삶이 제대로 돌아가질 못하는 거예요.

그리고 얼마 전에 와이프가 허리를 다쳐서 2주 정도 사람을 구해서 써야 했는데 그때 참 많이 고민이 되더라고요. 시간이 갈수록 몸은 안 좋아지고. 그렇다고 다른 탈출구가 있어 보이지도 않고, 이 일을 얼마나 더 할 수 있을지 자신이 없어졌어요. 그래서 지금 가게가 잘 되니 권리금 꽤 받을 수 있을 것 같아서 여기서 가게 접고 한동안은 쉬어야 할 거 같아요. 지금까지 한 게 아깝긴 하지만 사람이 일단 살아야지. 이대로 가면 결국 언제고 누가 하나 아파서 그만두게 될 게 뻔한 상황이에요."

"그러면 가격을 올리시면 어떨까요? 지금 가격이 워낙 저렴해서 문제인 것 같은데 가격을 10% 정도만 올리셔도 대략 4백 남짓한 수익이 더 생길 것 같은데요? 그러면 아르바이트생을 한 명 쓰실 정도는 될 테니 여유가 생길 수 있을 것 같아요"

"가격을 올리면 손님이 팍 줄어들 것 같아요. 우리 가게가 이만큼 되는 건 다 가격이 저렴해서 그런 건데, 그걸 바꾸면 매출이 확 감소할 거 잖아요. 그게 겁이 나서 가격을 바꾸는 건 못하겠어요."

이 상황에서 손님을 잃지 않고 가격을 올리는 방법이 없는 것은 아니다. 원가가 낮은 음식을 메인 음식과 묶어서 세트로 구성하는 방법, 아니면 메인 음식의 가격을 올리는 대신 서비스 음식을 함께 내주는 방법 등이 있다. 하지만 지금은 그런 대안에 관해서 이야기하기보다는 '고객에게 퍼주면 망하지 않는다'라는 관점에 대해서 짚어보고 싶다.

실제로 유명한 외식업 컨설턴트들을 만나면 매출에 초점을 맞춘다. 매출이 높아지면 결국 수익도 높아진다는 것이다. 일단 매출 자체가 너무 낮으면 수익률이 아무리 높아도 별 볼 일 없는 장사가 될 테니 그들의 이야기가 타당한 것처럼 여겨진다.

그래서 일단 컨설팅을 받기 시작하면 그들은 무조건 가성비를 극대화하는 방안을 찾는다. 기존의 메뉴 중 조합했을 때 사람들이 좋아할 만한 음식을 정말 싼 가격에 팔도록 한다. 그게 아니면 그런 메뉴를 새로 만든다. 당연히 소문이 나고 고객이 늘어난다. 이는 곧 매출의 상승으로 이어진다.

그러면 컨설턴트는 어깨가 으쓱해진다. 죽어가던 가게를 살린 최고의 전문가로 자신을 내세울 수 있다. 실제로 가게를 도와주는 방송이나 아무도 모르는 지역에 가서 식당을 여는 프로그램들을 잘 살펴보면 순이익이 얼마인지에 대해서는 다루지 않는다. 그저 가게 매출이 얼마인가를 가지고 이야기하면서 그 가게가 성공한 것처럼 이야기한다.

그 방송 내용에 속으면 안 된다. 말 그대로 방송은 방송일 뿐이다. 방송사에서 제작비를 투입해서 그 장사 과정이 힘들어도 결국 성공하는 시나리오를 만들어서 내놓은 상품인 것이다. 그 장사를 누군가가 실제로 하게 되면 그 방송에서만큼 좋은 자리를 얻기도 힘들뿐더러, 그만한 인원을 갖추고 일할 수도 없다.

일단 매출이 오르고 나면 컨설턴트는 빠지게 되고, 소위 말하는 손님이 줄 서는 대박 가게를 운영하게 된다. 하지만 정작 음식점 사장님의 입장에서는 죽을 맛이다. 겉에서 보기에는 매출이 급상승하여 돈을 벌 것 같지만, 매출이 상승하면 인건비와 식자재비의 원가율 등이 동반 상승해서 손익분기점이 높아진다. 여기에 노동 강도가 강해지다 보니 직원들이 힘이 많이 든다. 이는 곧 이직률의 상승으로 이어지기 때문에 직원 숫자도 늘어야 하고 또한 자주 바뀌는 사태가 벌어진다. 그러면 홀에서 문제가 발생할 가능성이 커서 사장님의 골칫거리가 늘어난다.

그리고 손익분기점이 높아지면서 정작 사장님은 수익이 크게 발생하지 않는 경우가 많다. 위의 사례에서도 알 수 있듯이 손님에게 퍼주는 가게는 그만큼 사장님이 희생해야 하는 상황이라고 보면 된다. 처음에 얼마간의 기간은 버틸 수 있겠지만, 결국 언젠가는 포기할 수밖에 없는 마라톤인 셈이다.

물론 외식업 컨설턴트들의 방법이 완전히 틀린 것은 아니다. 가게의 규모가 크고 자본력이 받쳐주면 매출 극대화 방법이 효과를 발휘할 수 있다. 예를 들어 200개의 테이블을 가진 뷔페형 식당이 있고, 1인당 가격을 2.5만 원을 받는다고 해보자. 평균적으로 테이블에 3인이 앉으면 테이블당 매출은 7.5만 원이므로 200개의 테이블이 모두 차면 총매출이 1,500만 원이 된다. 그리고 점심과 저녁에 각각 1.5회전을 한다고 가정하면 하루 매출이 약 4,500만 원이 된다. 그러면 한 달 매출이 15억 원 내외는 될 것이다. 그리고 대규모 식자재 구매에 따른 원가 절감 효과도 생길 수도 있다.

이런 경우에는 사장님의 월 수익이 2%만 되어도 월 3천만 원의 순수익이 생긴다. 소규모 가게에서는 수익률이 10~15%여도 부족하지만, 대규모의 업장에서는 이런 식으로 매출 극대화를 하는 방안이 큰 효과를 가져올 수 있다.

그렇다면 이 상황에서 만약 당신이 테이블이 100개 이상 되는 큰 가게를 운영하면서 자본력을 갖추고 있다면 일단 가게 앞에 사람을 줄 세우는 것이 필요하다. 유명한 컨설턴트를 통해서 얼른 메뉴 개선을 하자. 그리고 인당 순이익이 얼마인가에 대해 고민을 하지 말고 가성비가 높은 식당으로 널리 널리 알려지게 하면 된다. 결국, 컨설턴트의 말대로 수익률이 낮아져도 전체 수익금 자체가 높아서 해볼 만한 사업이 된다.

하지만 대부분의 사장님에게 놓인 현실은 그렇지 않다. 수익률을 낮추고 고객에게 퍼주는 가게는 망하지 않는다는 것은 어림도 없는 이야기이다. 장기간 성공하는 가게를 만들려면 매출이 아니라 순이익에 초점을 맞춰야 한다. 영리하게 살아남을 방법을 모색해야 한다는 이야기다. 어떤 음식이 마진율이 높고 어떤 음식이 그렇지 않은지, 고객에게 어떤 음식을 많이 주문하도록 유도해야 하고 어떻게 미끼 상품을 구성할 것인지 등을 치밀하게 설계할 수 있어야 살아남을 수 있다는 것을 명심하시길.

4. 요리 장인 vs 음식점 사장님, 무엇이 되고 싶은 건가요?

지금 당신 앞에 그릇이 하나 있다. 물을 부어 그 그릇을 채우려고 한다. 그때 고려해야 할 것에는 어떤 것들이 있을까? 첫째는 그릇의 크기가 충분히 커서 부으려는 물의 양을 담아낼 수 있는지 여부일 것이다. 500mL를 담을 수 있는 그릇에 물을 1L를 부어버리면 아무리 잘 부어도 절반은 넘치게 된다. 두 번째는 물을 붓는 속도와 높이다. 높은 높이에서 물을 쏟아부으면 그릇 안에 남는 물은 거의 없다. 또는 물의 떨어지는 힘 때문에 그릇이 엎어질 수도 있다. 반대로 낮은 높이에서 부을 때는 문제가 덜하겠지만, 역시나 너무 빠른 속도로 물을 부으면 대부분이 그릇 벽을 타고 밖으로 넘치게 된다.

그러면 어떻게 해야 물을 흘리지 않고 원하는 만큼 받을 수 있을까? 처음에는 그릇 가까이에서 주의를 기울여서 조금씩 붓는다. 그리고 익숙해진 후 속도와 높이를 올리면 좀 더 쉽고 빠르게 마무리할 수 있다. 어떤가? 동의할 수 있는가?

이 상황을 음식 장사와 비교해 보자. 그릇에 담기는 물의 양이 가게의 성공 여부를 판단하는 기준이다. 그렇다면 물을 많이 담으려면 어떻게 해야 할까? 일단 가장 중요한 것은 그릇이 커야 한다는 것이다.

음식 장사에서 가장 중요한 것, 위의 이야기에서 그릇에 해당하는 것은 바로 음식의 맛이다. 아무리 마케팅을 잘해도, 상권이 좋고 위생상태가 완벽해도 음식이 따라주지 못하면 그 가게는 버티지 못한다. 결국, 한 번 찾아왔던 고객이 다시 찾아오게 만들고, 그들로부터 입소문이 나게 하는 것은 음식의 맛이 하는 일이다. 대체 불가능한 핵심요소다. 그러니 내가 지금 팔고 있는 음식이 정말 맛있다는 자신감이 들 만큼 맛을 끌어올려야 한다.

그래서 우리 회사에서도 컨설팅을 진행하는 가게가 정해지면, 촬영이나 별도 미팅을 통해 언제나 그 음식점의 요리를 먹어본다. 그 음식을 스태프들이 함께 먹어보면서 어떤 식으로 마케팅을 진행할지에 대한 고민도 하고, 과연 이 음식점이 잘될 수 있을지를 평가해보는 시간이 반드시 필요하다. 이때, 음식을 먹는 우리가 맛있다는 생각이 들지 않으면 그 가게는 잘 안되기 마련이다. 동시에 컨설팅을 통해 아무리 고객을 모아와도 가게는 활성화되기 어렵고, 우리는 일 못 하는 회사가 된다. 그 음식점의 맛이 우리 회사까지도 영향을 주는 셈이다.

그래서 정말 음식의 맛이 부족하다는 생각이 들 때는 별도의 조치를 한다. 해당 가게와 같은 메뉴로 성공한 가게를 찾아가서 반복해서 먹어보면서 개선점을 찾게 한다. 그 정도로 부족하다면 음식 전문가를 만나보게 해서라도 음식의 맛을 끌어올릴 수 있도록 가이드를 해준다. 그만큼 음식 맛의 중요성은 몇 번을 강조해도 지나치지 않다. 그렇지만 그런 가이드까지 하게 되는 경우는 매우 드물다. 현실적으로 우리에게 컨설팅을 의뢰할 정도의 가게의 사장님들은 음식의 맛이 가장 중요하다는 것을 알기 때문이다.

    다만, 가끔 심각하게 음식의 맛에만 빠져있는 분들을 만날 때가 있다. 결국 승부는 음식의 맛에서 결정날 것이라는 생각 때문에 다른 것은 등한시하고 오로지 음식의 맛에만 신경을 쏟는 경우다. 하지만 음식의 맛이 가장 중요하다는 말이 나머지를 내버려 둬도 된다는 말은 아니다. 내 음식의 맛에 자신이 있으니 언젠가는 잘될 거라는 생각은 너무나 위험천만한 발상이다.

    반복해서 이야기하지만, 음식 장사는 전쟁이다. 전쟁은 한 가지만 잘해서 이길 수 없다. 맛이 가장 중요한 핵심요소이기는 하지만 판매 가격, 원가, 서비스가 한데 어우러져서 결과를 만든다. 따라서 어느 한 분야에만 심하게 치우치면 전쟁을 승리로 이끌 수 없다. 아무리 총을 잘 쏘는 명사수라고 해도 총알이 제때 보급되지 않거나 음식이나 물이 부족하면 전쟁을 이어갈 수 없는 것과 마찬가지인 셈이다.

    원래 요리를 특별히 잘한다거나, 지금부터라도 요리에 정진해서 유명 셰프가 되겠다는 꿈이 있는 분들이 가야 할 길은 다르다. 35세 나이에 아르헨티나 배낭여행 중 먹었던 피자 맛에 감동하여서 피자 장인이 되겠다고 결심했던 분이 있다. 그분은 미국식 피자를 배우겠다고 시카고에서 3년간 피자가게에서 일했고, 이탈리아로 건너가 4년을 배웠다. 이후 한국에 돌아와 한 레스토랑의 메인 셰프로 1년쯤 근무하고 이후 자기 가게를 차렸다. 그렇게 한 가지 음식에 미쳐서 삶을 걸 각오가 있는 사람들은 자신 있게 자신의 경력을 내세우면서 장인의 타이틀을 걸고 음식을 판다. 하지만 당신은 돈을 잘 버는 음식점 사장님이 되고 싶은 것이지 요리 장인으로 사는 삶을 원하지 않을 것 같다.

만약 돈 잘 버는 음식점 사장님이 되고 싶다면 당신의 가게가 지향할 바는 명확하다. 가장 자신 있게 만들 수 있는 메뉴를 선정하되, 반드시 만들기도 쉬워야 한다. 그리고 그 메뉴의 맛이 변함없도록 유지해야 한다. 여기서 '변함없다'라는 표현을 꼭 기억해야 한다. 한 번에 하나를 만들던, 두 개나 세 개를 만들던 그 맛이 일정해야 한다. 라면도 한 냄비에 두 개를 끓이면, 한 개만 끓일 때 비해 정확히 물을 두 배를 넣고 끓여도 맛이 다르다. 그런 차이가 발생하지 않도록, 고객에게 항상 같은 맛을 제공할 수 있는 준비가 되어 있어야 한다.

그러니 무엇보다 중요한 것은 정확한 계량을 통해 레시피를 정리해 두는 것이다. 그리고 그에 맞는 재료 소분을 해서 오늘 주방에 처음 들어오는 사람이라도 재료 소분에 따라 공식처럼 음식을 만들어낼 수 있도록 해야 한다. 손님이 자리에 앉았는데 양파 썰고 마늘 다질 시간이 있을 리가 없다. 이미 주문과 동시에 화구에 불이 들어오고 준비된 재료가 조리 기구 위에 쏟아져 내려야 한다. 가장 신경 써야 하는 것이 음식의 맛이지만, 아이러니하게도 음식을 만들어내는 그 시간에는 맛에 신경 쓰지 않아야 한다.

가게가 돌아가고 있는 시간에는 음식을 만드는 일이든, 청소와 설거지든 모두 똑같은 일이다. 시간 맞춰서 해내야 하는 한 가지 일에 불과하다. 화구 개수 등의 주방 환경에 따른 한계 주문량, 홀의 테이블 수와 가지고 있는 접시의 여유분, 한창 바쁜 피크타임의 홀 서빙 최소 인원 확보까지 모두 문제없이 돌아가야 한다. 이 일들이 톱니바퀴처럼 잘 맞아서 돌아가고 있어야 고객이 다시 올 만한 가게가 된다. 고객의 '잘 먹었습니다' 이 한마디를 만들어내기 위해서 정말 많은 준비와 실행이 필요한 셈이다.

따라서 내 음식의 맛에 자신이 있다고 해서 당장 마케팅을 통해 고객이 많이 오도록 하겠다는 생각도 위험하다. 실제로 홍보를 통해 고객이 밀려들어도, 그 고객을 감당하지 못해서 나가떨어지는 가게가 한둘이 아니다. 손님이 몰려들었는데 재료가 떨어져서 장사를 못 하는 것은 차라리 다행이다. 그렇게 돌아간 고객은 반드시 다시 찾기 마련이니까. 하지만 홀에 들어와 앉았는데 화구가 부족해서 음식이 늦는 사태는 치명적이다. 홀 서빙 인원이 부족해서 직원들이 견디지 못하는 바람에 갑자기 그만둬버리면 뒷수습은 몇 배로 힘이 들게 된다. 그릇에 물을 붓는 이야기에 비교하자면 물을 너무 빨리 들이부어서 넘쳐버린 상황이 되는 셈이다.

그러니 처음부터 너무 성급하게 덤벼들지 않아야 한다. 가능하다면 다른 식당에서 근무하면서 가게가 돌아가는 생리를 먼저 배우는 것이 좋다. 잘 되는 식당, 안 되는 식당, 프랜차이즈, 패스트푸드 등 가능하다면 많은 경험이 있다면 금상첨화다. 맥도날드에 가서 한 달만 근무해보라. 어떻게 그들이 전 세계 약 37,000개의 매장에서 똑같은 맛을 내고 있는지, 매장 관리는 어떤 식으로 하는지 보고 배워라. 분명히 내 가게를 하는 데 큰 도움이 될 것이다.

그렇지 않고 곧바로 내 가게를 시작한다면, 최대한 작은 가게로 시작하는 것이 도움이 된다. 처음에는 그릇에 물을 조금씩 천천히 담겠다는 마음으로, 최소 6개월 이상 차분하게 일을 배운다는 자세로 운영할 수 있어야 한다. 그렇게 1년 정도 운영하면서 모든 것이 익숙해졌을 때, 그때 본격적으로 적극적인 홍보를 통해 도약을 꿈꿔야 한다.

지금 여는 음식점 중 30% 이상이 가게를 연 지 1년 안에 폐업한다. 그중 절반은 6개월도 버티지 못한다. 그분들도 당연히 실패할 것은 생각도 하지 않고 시작했을 것이다. 하지만 위에서 이야기한 여러 가지 문제가 발목을 잡았을 것이다. 그런데도 그 원인을 정확히 파악하기보다는 그저 '상권이 나빠서', '경쟁 업체가 많아서', '맛은 있는데 홍보를 못해서'라고 쉽게 말하고 있을 것이다.

음식점도 살아있는 유기체다. 그러니 어떤 한 가지 이유로 원하는 결과를 얻지 못했다고 말하는 것은 어불성설이다. 당신보다 더 좋지 않은 상권에서도, 더 많은 경쟁 업체가 존재하는 곳에서도 성공해내는 가게들이 있다. 그 가게를 방문해서 살펴보라. 아마 위에서 말한 모든 것들이 그 가게의 스타일에 맞게 갖추어져 있을 것이다.

다시 묻는다.

요리 장인이 되는 길을 가고 싶은 건가요, 아니면 돈 잘 버는 음식점 사장님이 되고 싶은 건가요?

5. 새로운 시작 3년 만에 성장할 수 있었던 비결

마케팅의 시작은 SNS였다. 대학을 다니던 시절에 페이스북 페이지를 통해서 10만 명의 구독자가 생겼다. 그 플랫폼을 통해서 광고를 해주고 음식점 상품권 같은 것들을 대가로 받았다. 그걸로 부모님, 친구들과 밥 먹으러 다니는 재미에 푹 빠졌다. 그렇게 남들보다 조금 일찍 마케팅이라는 분야에 발을 들인 셈이 되었다. 그리고 학교 수업 중에서도 상품 기획이나 마케팅 같은 분야에서는 항상 상위권이었다. 마케팅이라는 것이 참 재미있는 일이라는 생각을 많이 했다.

대학 내내 마케팅과 연관된 일을 하면서 흥미도 더해지다 보니, 졸업 학기에 입사지원서를 넣을 때 지원한 회사들의 서류 전형과 1차 면접까지 합격했다. 아무래도 내가 겪은 것들을 주변 친구들은 대부분 알지 못하니 내가 또래 대비 유리했던 것 같다. 회사에 들어가서 어떤 것들을 배우게 될지 기대도 되었고, 무엇보다 부모님이 너무 기뻐해 주셔서 좋았다.

그때 한 친구의 이야기가 관점을 바꾸게 해주었다. 회사에서 너와 네 아이디어를 좋게 보고 뽑으려 한다면, 그 사람들 밑으로 들어갈 것이 아니라 네가 회사를 만들어보는 것은 어떻겠냐는 것이었다. 갑자기 새로운 세상이 확 열리는 기분이었다.

아직 최종 합격을 한 것은 아니었지만 진지하게 고민했다. 회사에 들어가서 경력을 쌓을 것인가, 아니면 직접 사업을 해보면서 배워갈 것인가. 한참 고민 끝에 직접 사업을 해보기로 했다. 그리고 그 결정에 가장 중요한 역할을 했던 것은 대학교 다니면서 도전했던 주얼리 사업의 실패였다.

온라인으로 귀걸이를 파는 쇼핑몰 사업이었다. 초기 자본이 많이 들지 않고, 마케팅은 직접 할 수 있을 것으로 여겼다. 그렇게 아는 형과 둘이서 호기롭게 시작했지만 실제로 사업을 해보니 현실은 그간 어렴풋이 알고 있던 것과는 확연히 달랐다. 별도 창고가 없었으니 물건을 많이 구매해 둘 수 없었고, 중간이윤을 얼마나 책정해야 하는지도 어려웠다. 플랫폼 수수료와 부가세를 제외하고도 수익이 있어야 하고 동시에 경쟁 업체도 고려해야 했다. 온통 가시밭길이었다.

그리고 일단 시작한 사업을 제대로 만들기 위해서 전문 마케팅 업체에 의뢰하기로 했다. 과연 전문 업체에서는 어떤 식으로 마케팅을 하는지 직접 겪어보고 싶었다. 고민 끝에 친구에게 200만 원을 빌렸다. 그 당시 200만 원이라는 돈은 그 시절의 나에게는 너무나 큰 돈이었다. 하지만 사업을 잘 해내기 위해서 꼭 필요한 과정이라는 생각에 큰 결심을 했다.

하지만 그 마케팅 업체는 우리를 교묘하게 속였다. 견적서 상 해주기로 약속한 결과물에 대해 각 항목을 조금씩만 해주거나 아예 해주지 않았는데도 자기가 할 일은 끝났다고 했다. 그러면서 다음 단계의 성과물을 받으려면 훨씬 더 큰 돈을 내야 한다고 했다.

사회 경험이 부족한 학생들이었던 우리는 산산이 부서졌다. 따져보고 싶어도 요지부동이었고, 소송하기에는 오히려 소송 비용이 훨씬 많이 들어갈 테니 이도 저도 할 수 없었다. 그 문제로 동업하는 관계도 어긋나게 되고 결국 그렇게 사업을 접어야 했다. 내 잘못된 결정으로 인해 일이 그렇게 된 것이 안타까웠다. 하지만 돌아보니 마케팅을 해보겠다는 생각이 잘못된 것이 아니었다. 제대로 하지도 않고 돈만 받아 챙기는 그 업체가 나쁜 것이었을 뿐.

마케팅 회사에 입사할지, 마케팅 회사를 차릴지를 고민할 때 그 사건이 떠올랐고 나는 직접 회사를 차리는 방향으로 마음이 기울었다. 그리고 이전에 우리에게 사기를 친 그 마케팅 전문 업체의 견적서를 다시 보고, 정확히 그 반대로 해야겠다는 생각을 했다.

마케팅 사기를 당하면서 제일 답답했던 것은 불투명한 비용 사용 명세였다. 대체 돈을 다 어디에 썼는지 알려달라고 몇 번에 반복해서 요청했지만 묵묵부답이었다. 그 당시 받았던 스트레스가 얼마나 컸는지 생각해보니, 적어도 내가 앞으로 만날 고객에게는 그런 일이 없도록 하겠다는 결심을 했다.

그 결심을 지키기 위해 우리 회사에서는 받은 비용에 대해서 집행한 내용을 투명하게 공개하고 있다. 고객에게 광고 비용의 원가가 얼마이고 대행비가 얼마인지, 회사의 순이익이 얼마인지 모두 사실대로 알려준다. 정직함은 신뢰를 가져다준다. 아마 그렇게 한 마케팅 업체는 우리가 처음이었을 것 같다. 그리고 그 시스템은 지금껏 시장에서 우리를 차별화시켜주는 가장 큰 무기가 되어주고 있다.

그 외에도 우리가 빠르게 성장할 수 있었던 것은 좋은 사람들을 만났기 때문이었다. 그리고 이 역시도 또 다른 실패를 통해 얻어낸 성과였다.

학교를 마치고 사업을 시작하려고 했을 때도 자금이 가장 큰 문제였다. 운영하던 페이스북 페이지도 팔고, 온갖 아르바이트를 했다. 저녁에 대리운전까지 총 3~4개의 아르바이트를 소화하면서 말 그대로 닥치는 대로 돈을 모았다. 그렇게 모은 돈으로 스튜디오를 차리고 나까지 포함해서 3명이 일을 시작했다.

회사를 열자마자부터 우리를 찾아주는 곳은 당연히 없었다. 그래서 일단 음식점에 들어가서 사진을 찍어드리겠다고 하고 그 사진을 직접 보정작업까지 마치고 나서 나중에 사장님께 보내드렸다. 초기에는 공짜로 해드렸는데도 맘에 들지 않는다고 할 만큼 불만이 많았다. 나중에 알게 된 그 이유는 바로 조명이었다. 그래서 조명을 잘 준비해서 사진을 찍기 시작하자 조금씩 일이 생기기 시작했다.

그 시기가 제일 힘들었다. 벌어두었던 돈이 급격하게 줄어들었다. 석 달째 혼자서 영업을 다닌 끝에 혼자서는 어렵다는 생각이 들었다. 제대로 된 수입이 발생하지 않으면 얼마 못 가서 회사를 접어야 할 상황이었다. 그래서 영업이 안정화 될 때까지 다 같이 영업을 다니자고 동료들에게 제안했다.

그런데 두 동료 모두 자기는 영업을 하는 사람이 아니라며 거절했다. 그 이야기를 듣고 많이 당황했다. 두 사람 모두 자기 분야에서 출중한 친구들이어서 함께 시작했지만, 자기 일 말고 다른 일에는 관심이 없는 것이었다. 회사 상황이 얼마나 어려운지도 공감하지 않았고, 자기는 자신이 할 일을 다 하면 나머지는 다른 사람들이 알아서 해야 한다는 것이었다.

만약 우리 회사가 대기업, 하다못해 규모가 조금 있는 중소기업 정도라도 되었다면 그런 자세로 일을 해도 문제가 없었을 수도 있다. 하지만 총 3명이 공동으로 시작한 회사에서 자기는 이런 일은 할 수 없다는 말이 나오는 것을 받아들일 수가 없었다. 차분하게 다시 이야기를 나눠보았지만, 여전히 그 자세는 바뀌지 않았다.

이제는 일을 같이할 수 없다는 확신이 들었다. 앞이 캄캄했지만 이대로 두면 답이 없었다. 그래서 회사를 나와서 다시 돌아가지 않았다. 마침 그 당시에 아는 가게에서 조그맣게 자리를 마련해주실 수 있다고 해서 그곳에서 얹혀살면서 처음부터 다시 시작했다.

그 후 2년간 정말 치열하게 살았다. 두 번째 실패를 받아들이기가 너무 어려웠다. 나는 아직 실패한 것이 아니다. 이 회사는 절대 이전처럼 무너지지 않을 거라고 아침마다 되뇌었다. 말 그대로 와신상담이었다. 다른 사람의 가게 구석에서 나는 쓰디쓴 실패를 곱씹으면서 더 나아져야 한다고 나를 다그쳤다. 모든 일을 다 해낼 수 없을지는 모르지만, 내가 혼자서 할 수 있는 한계가 어디인지는 알고 싶었다. 하나도 모르는 일이어도 무조건 해내야만 했다. 좌충우돌하면서 일을 하는 과정에 크게 느낀 것이 있었다. 매끄럽게 일을 잘 처리하는 것은 정말 어렵다는 것이었다. 하지만 문제가 생겨도 다시 해결해내면서 나아가면, 조금 돌아가기는 해야 하지만 어떻게든 일을 해낼 수는 있었다. 즉, 누구나 한두 번 겪고 나면 전체적인 톱니바퀴가 돌아가는 것에 방해가 되지 않을 만큼 일을 해낼 수 있다는 경험이 쌓이게 되었다. 그렇게 한 발씩 회사는 나아지기 시작했고, 점점 함께하는 사람들이 생겨났다.

그때 능력보다 인성이 우선이라는 생각을 했다. 일은 배우면 된다. 해보면 된다. 잘 모르면 현장에서 몸으로 부딪치면서 실수하고 고쳐가면서 하면 결국 다 할 수 있게 된다. 그 이후로는 직원을 뽑을 때 그 사람이 가지고 있는 능력에는 관심을 두지 않았다. 단 하나, 자기가 해야 하는 일이 생기면 열심히 하면서 배우려는 자세만 있으면 충분했다. 그렇게 사람 하나만 보고 뽑았다.

그렇게 입사한 분들에게 처음에 몇 달간은 회사의 이런저런 일들을 다 해보게 했다. 그리고 어떤 분야에서 더 성과를 잘 내는 부분이 있으면 그 일을 맡기면서 회사가 성장하기 시작했다. 생각해보라. 지금 당신이 무슨 일을 하던, 의사나 변호사처럼 장기간의 교육과 경험을 이미 쌓아야 하는 전문직이 아니라면, 두세 달 정도 그 일에 매달리면 어지간히 잘하게 된다. 그 정도면 충분하다. 부족한 부분은 동료들이 함께 도우면서 해결하면 된다. 팀워크를 흐리지 않고 더 성장하려는 마음이 있는 사람이면 충분하다.

나중에 알게 된 사실이지만 테슬라의 일론 머스크도 비슷한 방식으로 사람을 뽑는다고 했다. 이전에 무슨 일을 했는지, 어디 출신인지, 학력이 어떻게 되는지는 전혀 묻지 않으며, 대신 살아오면서 가장 힘든 일이 무엇이었고 어떻게 이겨냈는지만 물어본다고 한다. 그리고 그 대답을 들으면 그 사람이 자기가 원하는 사람인지 아닌지 알 수 있다는 것이었다. 조금 과장된 부분도 있겠지만, 어떤 판단 기준인지 공감할 수 있었다. 아마 나에게 질문을 하면 위의 두 이야기를 할 것 같고, 그러면 아마도 내가 어떤 성향인지 금방 알 수 있을 테니까.

갑자기 이 두 가지 이야기를 한 데는 당연히 이유가 있다. 첫 번째, 당신의 음식점은 당신이라는 사람을 있는 그대로 투영한다. 번뜩이고 재기 넘치는 아이디어로 반짝이려고 하기보다는 성실하고 정직하게 장사를 해라. 특히 초기에 가게가 자리 잡을 동안은 고객에게 항상 같은 모습을 보여주는 성실함이 중요하다. 반짝이는 아이디어나 마케팅은 다음 문제다.

두 번째, 어떤 식으로든 사람을 채용해서 일하게 되기 마련이다. 그때 능력 넘치는 직원을 구하려고 스트레스받지 않았으면 좋겠다. 음식점 장사에서 해야 할 일은 두 달도 되지 않아 누구나 잘할 수 있다. 당신의 가치관에 크게 어긋나지 않게 행동하고, 필요한 일이라면 굳이 일의 경계를 두지 않고 같이 도와가면서 할 수 있는 사람이면 충분하다.

어떤 형태로든 나와 비슷한 실패는 겪게 될 것이다. 아무리 신중히 처리해서 결정한다고 해도, 결국 모든 선택은 가위바위보와 비슷하다. 이길 때도 있고, 질 때도 있다. 모두 다 이길 수는 없는 법이다. 과정에서의 실패는 피할 수 없는 대상이다. 그 실패의 끝에서 주저앉기보다는 빠르게 수정해서 다시 제 궤도를 걸어갈 수 있도록 노력하는 것이 결국 살아가면서 우리에게 주어진 숙제가 아닐까 싶다.

6. 일단 그냥 해야 하는 것들

잘되는 가게들, 또는 힘든 시기에도 굳건히 버텨낸 가게 사장님들을 만나보면 기본적으로 해왔던 것들이 있다. 그러니 당신이 마케팅을 위해 컨설팅업체를 만나기 전에 이 항목들을 이미 하고 있었는지 확인해

볼 필요가 있다.

1) 손님에게 이득을 주어라

 살아남는 가게가 된다는 것, 그만큼 강한 가게가 된다는 것은 어떤 의미일까? 컨설팅을 위해 많은 가게를 다녀보고, 시간이 흐르면서 그 가게들이 어떻게 바뀌어 가는지를 보면서 느낀 것이 있다. 힘든 시기를 잘 이겨내는 가게에는 한 가지 유사한 현상이 있었다. 식사를 마치고 나가는 고객분들 중에서 고맙다 또는 잘 먹었다고 하면서 인사를 하는 분들이 많았다. 물론 습관적으로 인사를 하는 분들도 있겠지만, 잘 되는 가게에 인사하고 가는 분들이 훨씬 많다는 것은 분명한 사실이다.

 아마 누구나 그런 경험이 있을 것이다. 어떤 음식점에서는 인사를 하고 나오고, 어떤 곳에서는 그냥 나오기도 한다. 무엇이 그 차이를 만들까? 아마도 그것은 내가 이 가게에서 '이득'을 얻었다고 느끼기 때문일 것이다. 신기한 현상이다. 처음부터 얼마의 비용을 낼지 알고 음식을 주문했다. 그리고 마지막에 약속한 금액을 지급하고 나왔다. 그런데 내가 이득을 얻었다는 생각이 들었다는 건, 내가 생각한 것 이상의 무엇이 있었다는 이야기다.

 그런 생각이 들게 하는 음식점의 특징은 무엇일까? 내가 생각한 것 이상의 그 무엇이 어떤 것일까? 음식점마다 다양한 요소가 있을 수 있다. 하지만 대략 아래의 현상 중 몇 가지가 복합적으로 발생할 때 그런 현상이 발생하는 것으로 보인다.

첫 번째는 펀치력 높은 두 번째 음식이 있을 때이다. 그리고 이 음식의 핵심은 메인 음식과 궁합이 좋으면서 그리 높지 않은 가격에 먹을 수 있어야 한다. 예를 들면 고깃집에 갔는데 고기도 맛있지만, 함께 먹는 김치찌개나 된장찌개가 너무 맛있어서 이 가게를 다시 찾게 되는 경우이다. 이렇게 되면 다른 고깃집 대비 확실한 한 방이 더 있는 셈이다.

두 번째는 뜻하지 않은 즐거움을 느끼거나 감동하였을 때이다. 이러한 작은 즐거움의 요소들에는 참 다양한 것들이 있다. 수많은 사례가 있겠지만 한 가게의 이야기를 우선 해주고 싶다.

가게에 들어가서 자리를 잡고 앉으니, 아직 주문도 하기 전인데 일단 김이 모락모락 나는 따끈한 홍합탕이 푸짐하게 한 사발이 놓였다. 그리고는 개인 접시에 홍합 껍데기가 하나씩 올려졌다. 왜 젓가락은 주지 않고 홍합 껍데기를 주는지 의아한 타이밍에 서버가 이야기한다.

"안녕하세요. 이 홍합탕은 서비스입니다. 무제한 리필이 되니 언제든 이야기해주세요. 그리고 홍합은 이 홍합 껍데기를 집게 삼아서 쏙쏙 집어 드시면 훨씬 더 재밌게 드실 수 있습니다. 만약 불편하시면 젓가락 바로 가져다드릴게요."

그리고 가져다주는 수저는 뜨거운 통에 담겨서 온다. 손이 닿는 수저의 온기에 이 가게가 청결에 신경을 많이 쓰고 있다는 것을 느낄 수 있다. 이 정도면 첫인상으로 최고다. 큰 실수만 하지 않는다면, 이 가게에 대한 좋은 인상이 남지 않을까?

하지만 홍합탕을 무료로 계속 주면 손해를 볼 수 있을 거라는 의문이 생긴다. 그 문제는 어떻게 해결했는지 사장님께 물어보니 이런 대답이 돌아왔다.

"일단, 우리 가게의 손님들은 모두 술을 드시러 옵니다. 그러면 주문을 하면서 자연스레 술을 시키게 되고, 처음에 나간 홍합탕은 술자리를 시작하기에 최고의 안주가 됩니다. 그러면 아무래도 처음에 생각한 것보다 술을 더 많이 시키시게 되죠. 그렇게 소주 한두 병만 더 팔아도 홍합탕 서비스로 드린 것보다 더 이문이 많이 남게 됩니다.

그리고 홍합탕을 다 드실 때쯤 되면 주문한 음식도 나갑니다. 저희 가게가 음식을 푸짐하게 드리는 것을 대부분 아시기 때문에 실제로 홍합탕을 추가로 달라고 하시는 분들은 거의 없어요. 메인 메뉴도 다 못 드시는 경우가 많거든요. 그러니 무제한 리필이라고 말씀드려도 더 달라고 하시는 분은 많지 않습니다. 아니면 한 번 정도 더 달라고 하시는 정도에 불과해요. 그리고 홍합탕을 더 달라고 하시는 분들은 대부분 술도 더 많이 드시는 분들이라서 오히려 저희에게는 좋은 고객일 때가 훨씬 많지요.

그리고 혹시나 술을 안 드시면 어때요. 대신 서비스가 마음에 드셨을 테니 다음번에 또 다른 손님을 모시고 오시지 않겠습니까?"

가게 사장님이 의도적으로 설계한 상황이라는 것을 기억하자. 고객의 기분이 좋아지게 하려고 만들어진 상황이라는 이야기다. 이런 식의 첫인상 만들기, 과연 당신의 가게에서는 못하는 것일까, 아니면 못한다고 핑계를 대고 있는 것일까.

사소하지만 우리만 하는 무엇인가를 만들어보자. 그런 것들이 하나씩 쌓여서 사소한 1등이 많아지고, 앞으로도 하나씩 더해진다면 결국 다른 가게와의 격차가 벌어지면서 정말 강한 가게가 될 수 있을 것이다.

2) 다른 가게 분석하기

어쩌면 이 이야기는 식당을 열기 전에 나눠야 했을 이야기이다. 당장 가게 운영할 시간도 부족한데 다른 가게를 방문해서 그 가게를 분석하기는 쉽지 않다. 하지만 의식적으로 다른 이들의 업장을 보고 분석하는 습관을 들이는 것은 꼭 필요한 일이다. 그리고 이런 분석도 없이 무턱대고 음식점을 열어서는 살아남기 어려운 것이 현실이기도 하다.

그렇다면 어떤 가게를 분석해야 할까? 당연히 잘 되는 가게를 분석해야 한다. 그렇다면 안 되는 가게에는 가 볼 필요가 없을까? 그렇지 않다. 그곳에서도 충분히 배울 것이 있다. 그래서 결론은 잘 되는 가게와 안 되는 가게를 모두 분석해야 한다는 것이다.

　이 중에서 잘 되는 가게를 분석할 때도 유념할 것이 있다. 대형 유명 음식점처럼 나중에 어설프게 흉내 낼 수조차 없는 가게는 갈 필요가 없다. '나에게 맞는 제대로 된' 가게를 가봐야 한다. 즉, 내가 좋아하고 잘 할 수 있는 메뉴를 가지고 충분한 수익을 내는 가게를 찾아서 분석을 해봐야 한다. 왜 이 집이 잘 되는가를 파악하고, 이후에는 내가 직접 운영한다면 어떻게 해야 이 가게처럼 운영할 수 있을지를 고민해야 한다. 나아가서는 어떤 요소들이 더해지면 더 잘될 수 있을 것인지도 생각해보면 더욱 좋을 것이다.

　그러나 이때 조심해야 할 것도 있다. 시작도 하기 전에 대박집들이 버는 것처럼 자신도 벌 것으로 착각하는 경우다. 특히 자기 나름대로 대박집의 노하우를 분석해낸 것처럼 느낄 때는 자신이 정말 대단하다고 생각하면서 기고만장하는 때도 많다. 치명적인 착각이다. 하지만 정말 시작해보면 절대 생각처럼 흘러가지 않는다는 것을 받아들이게 될 것이다.

　두 번째, '나와 유사하지만 안 되는' 가게도 분석해야 한다. 내가 구상하는 가게의 규모나 운영방식과 유사한데 장사가 잘되지 않는 가게에서도 배울 것이 분명히 있다. 단, 그 가게가 음식이 너무 맛이 없는 경우는 제외한다. 즉, 음식의 맛이 딱히 나쁘거나 하지 않은데 장사가 잘

되지 않는 가게를 분석해야 한다.

    음식 맛이 부족하지 않은데도 잘 안되는 가게에는 문제점이 있기 마련이고, 그것을 반드시 찾아내야 한다. 이 가게가 내가 운영한다면 어떻게 변화를 줄 것인가를 염두에 두고 치밀하게 분석하자. 가장 좋은 방법은 그 가게에서 일을 해보는 것이다. 물론 대박집에 가서 맛의 비결을 배워오는 것이 훨씬 나을 것으로 생각할 수 있다. 하지만 가게를 열자마자 대박이 나는 것은 거의 환상에 가깝다. 누구나 예상치 대비 한참 부족한 현실을 겪으면서 인내해야 한다. 그 시기를 줄여줄 수 있는 것이 안되는 식당에서의 경험이다. 그러니 가능하다면 내가 하고자 하는 메뉴로 성공한 대박집과 잘되지 않아 힘들어하는 식당 모두를 경험해보자.

    물론 이렇게 이야기하면 내 가게는 언제 열 수 있는 건지 답답해할 수도 있다. 하지만 앞서 말했듯, 5년 이상 유지하는 가게가 될 확률은 20%밖에 되지 않는다. 거기다 성공한 대박집이 될 확률을 함께 고려하면 아마도 3%도 되지 않는 소수의 가게만 그 경지에 도달할 것이다. 그렇다면 결국 그 가게를 이끌 나는 상위 3% 이내의 노력을 기울여야 한다. 그렇다면 잘 되는 가게와 잘 되지 않는 가게를 모두 경험해보는 것은 당연한 순서가 아닐까 싶다.

    그리고 마지막으로, 가능하다면 규모가 크지 않은 식당에서 다양한 경험을 쌓는 것이 중요하다. 어차피 내 가게를 운영하기 위해서는 가게의 전반적인 부분을 모두 알아야 하므로, 큰 가게에서 어느 한 분야만 집중적으로 배우는 것은 큰 도움이 되지 못한다. 규모가 작은 가게는 급할 때 자기 일 이외에도 다양한 부분에 투입될 수 있으므로 주방, 홀, 카운터 등의 구분 없이 경험해볼 수 있기 때문이다.

세 번째, 음식이 생각만큼 맛있지 않은데도 잘 되는 가게가 있다. 이 경우에는 단순 음식점이기보다는 주류를 함께 파는 경우가 많다. 이러한 가게의 특징은 방문한 고객들이 음식 이외의 측면에서 또 다른 즐거움을 얻는다는 것이다.

예를 들면, 앞서 이야기한 홍합 껍데기를 이용해서 홍합을 먹게 해주는 재미를 준다든지, 고객이 좋아할 만한 인테리어와 음악을 준비해서 고객이 즐길 수 있게 해주는 것을 포함한다. 그리고 이 과정에는 의문이 생기게 된다. 과연 어떤 인테리어와 음악이 적합할 것인가?

이에 대한 답을 얻기 위해서는 당신이 고객으로 삼고자 하는 과녁을 명확히 할 필요가 있다. 젊은 층의 데이트를 위한 인테리어와 중년 남성들의 술자리를 위한 인테리어는 서로 명확히 다르다. 음악도 그렇다. 친구들과 술 한잔 걸치러 온 중년 남성들에게는 그들의 향수를 자극할 수 있는 시절의 음악을 들려주어야 한다. 그리고 같은 음악을 젊은 커플들이 많은 곳에서 틀어주기엔 어울리지 않을 것이다. 조명도 달라야 한다. 술자리에서는 붉어진 얼굴이 드러나지 않을 정도의 어두운 조명이 있어야 한다. 대신 음식 사진을 많이 찍도록 유도하는 가게에서는 그에 맞는 조명이 갖춰져야 가게 홍보에 도움이 된다.

결국 고객이 마주하는 공간을 어떻게 기획할 것인지, 그리고 이곳에서 보내는 시간이 어떤 모습일지를 떠올리고 그 시간과 공간에서 어떤 즐거움을 전할 것인지를 고민하여야 한다. 이는 곧 가게를 운영하는 철학에 해당하기 때문에 무턱대고 외부 전문가에게 맡겨두고 끝낼 일이 아니다. 지금 당신의 가게 문을 열고 들어온 고객이 나갈 때 어떤 기분으로 돌아가도록 하고 싶은지에 대해 설계하고, 그것에 맞게 실행한 가게를 만들어야 비로소 강한 가게가 될 수 있을 것이다.

3) 아이디어는 즉시 실행할 수 있어야 한다.

가게를 운영하다 보면 가끔 아이디어가 떠오르기 마련이다. 그 아이디어가 음식에 관한 것이든, 운영에 관한 것이든 아니면 사소한 변화이든 간에 빠르게 실행에 옮길 수 있어야 한다. 바쁘다는 핑계로 머릿속에 그 아이디어를 집어 넣어두는 것만으로는 부족하다. 실행되지 않은 아이디어는 결국 정리되지 않은 채 당신의 머릿속을 돌아다니면서 혼란스럽게 만든다. 번뜩임이 있었다면, 어떻게든 최대한 빠른 속도로 그 번뜩임을 눈앞에 만들어 낼 수 있어야 한다.

하지만 분명히 모든 아이디어가 다 성공하지 않는다. 그런데 왜 굳이 즉시 실행할 수 있어야 한다고 이야기하는 걸까? 그것은 당신이 지금 하려는 가게의 정체성과 연관이 있다. 즉, 규모가 큰 가게나 프랜차이즈 가게보다 나만의 작은 가게가 가지는 장점을 극대화해야 하기 때문이다.

예를 들어, 고객 중 일부가 가게 입구에서 담배를 피워서 연기가 들어오는 문제가 있었다. 그래서 가게 앞 금연이라는 팻말도 붙여보았지만, 별반 효과가 없었다. 장사 하다 보면 밖에서 담배를 피우는 분들을 일일이 신경 쓰기도 어렵다. 그래서 홀의 고객분들 중 가끔 불만 사항이 접수되는 상황이 벌어졌다. 이 문제를 어떻게 해결할까?

그러던 중에 우연히 길을 지나다가 울퉁불퉁한 금색 주전자를 화분처럼 활용해서 꽃을 심어 창문에 걸어둔 것을 보고 아이디어가 생겼다. 입구 주변에 양은냄비를 활용해서 꽃을 심어두었고, 그 앞에 '꽃은 담배 연기를 싫어해요. 꽃을 지켜주세요.' 하고 안내문을 적었다. 이 방법은 흡연 고객들의 마음을 덜 상하게 하면서 가게 앞 공간도 지킬 가능성이 있다. 그리고 가게 문을 닫을 시간에는 양은냄비 채로 가게에 옮겼다가 내일 오픈 시간에 다시 놔두면 된다. 법규상의 문제도 피할 수 있는 셈이다.

물론 이 아이디어가 얼마나 효과가 있을지는 알 수 없다. 하지만 곧바로 시도해 볼 수 있고 우리 가게에 맞는 방식인지 아닌지는 금세 결과가 나온다. 또한, 도로를 일부 점유하는 것이 앞으로 문제가 될 가능성이 있어서 효과가 높아도 계속 활용하지 못할 수도 있다. 하지만 잘 먹혀들기만 한다면 손쉽게 문제를 해결하는 방안이기도 하다.

큰 규모의 가게나 프랜차이즈에서는 이러한 변화를 임의로 주기 어렵다. 변화하는 것 자체를 꺼리고, 새로운 것을 결정하는데 많은 시간이 걸린다. 또한, 대형 프랜차이즈는 현장에서 즉각 고객의 반응을 살피기보다는 설문지를 통해 피드백을 얻으려고 한다. 이러한 피드백 설문지는 사실 제대로 된 피드백을 받을 수 없다. 식사를 마치고 난 다음, 그 식당에서 요청한 피드백 요청에 진심으로 대응할 고객이 과연 얼마나 있을까?

하지만 우리는 이런 변화를 빠르게 적용하면서 나아질 수 있다. 즉, 전문화된 작은 가게의 특징은 빠르게 변화할 수 있다는 것이다. 그리고 이러한 변화가 살아남을 수 있는 원동력이 된다. 왜냐하면, 우리는 적용한 변화가 고객들에게 어떻게 받아들여지는지 곧바로 알아챈 후, 추가적인 조치도 얼마든지 가능하기 때문이다.

물론 막상 시행해보니 생각만큼 좋지 않은 결과가 나오거나, 아니면 도움이 되지 않을 경우도 있을 수 있다. 실제로 이러한 아이디어들이 성공하고 실패하는 경우를 비교해 보면 아마도 실패하는 경우가 더 많을 것이다. 하지만 성공한 숫자가 적어도 그 성공들은 쌓이게 되고, 실패는 곧바로 원상복구가 가능하다. 그리고 그중에 정말 큰 성공을 거두는 아이디어가 한두 개만 생겨도 가게에 큰 도움이 된다. 그러니 최대한 많은 아이디어를 시도해 볼 수 있었으면 한다.

다만, 한 가지 유념해야 할 것이 있다. 지금 이야기하는 아이디어란 언제든 그만두거나 되돌릴 수 있는 규모의 아이디어를 말한다. 가게의 대표 메뉴를 변경한다거나 전체 인테리어를 바꾸는 것과 같은 큰 결정은 해당하지 않는다. 이렇게 큰 틀을 바꾸는 결정은 반드시 치열한 고민과 이해 관계자들과의 협의를 통해 이루어질 수 있도록 하자.

7. 평범하고 현실적인 이야기에 답이 있다

마케팅 사업을 시작하고 새롭게 만나게 되는 고객은 대부분 기존 고객의 소개로 연결되었다. 모든 일이 그렇겠지만, 특히 마케팅 분야에서는 사람의 입을 통해 전해지는 것이 가장 이상적인 사업의 확장이다. 무엇보다도 기존에 우리가 보여주었던 성과에 대해 만족한 분들이 지인 분들을 소개해주는 것이기 때문에 기본적인 신뢰 관계를 쌓기에도 어렵지 않다. 실제 우리 회사가 성장한 것은 대부분 이런 과정을 거치면서 이루어졌다. 지인분들이 연결되다가 큰 규모의 가게들과 이후에는 프랜차이즈 사업체들까지 이어지면서 사업이 확장되었다.

하지만 상황에 따라서는 소개를 통해 만나게 된 분이라고 해도 다른 업체와 비교하고 싶어 하는 분들이 있다. 고객의 관점에서 당연한 요청이기 때문에 그렇게 경쟁을 통해서 일하게 되는 것에 별다른 불만을 느끼지는 않는다. 다만 그런 상황에서 답답한 일이 생길 때가 있었다. 우리가 정성을 다해 준비한 발표 내용이나 마케팅 제안이 다른 업체에 비해 초라해지는 경험이 많았기 때문이었다.

우리가 능력이 없거나 발표를 못 하는 문제가 아니었다. 상대 업체에서 실현하기 어려운 조건들을 제안할 때가 많았다. 그리고 그 위에 화려한 언변과 적당한 허풍이 더해졌다. 전문가들이 듣기에는 무리한 이야기였으나 잘 모르는 사람들에게는 그럴듯하게 들릴만했다. 그들과 미팅 후 우리에게 질문을 하는 고객의 눈을 보니 이미 상대 회사가 들어있었다. 하긴 이야기한 그대로 다 해주면 나라도 우리 회사가 아니라 저 회사랑 일하고 싶을 것 같았다.

사업 초기에는 그런 순간마다 갈등이 많았다. 당장 자금 상황을 타개하기 위해서 일단 우리도 할 수 있다고 말하고 싶었다. 하지만 그것이 거짓말임을 알면서도 그렇게 할 수는 없었다. 그렇다고 상대방의 제안을 두고 틀렸다거나 거짓말이라고 할 수도 없었다. 내가 못한다고 해서 그들도 100% 못한다고 할 수는 없으니까. 그들의 제안은 달성하지 못할 확률이 높은 것이지, 완전히 가능성이 없는 것은 또 아니기 때문이다.

하지만 자기들과 함께하면 현재 매출에서 무조건 몇 배 이상 매출이 상승할 거라고 당당하게 말할 수 있는 근거가 무엇인지 알 수 없었다. 차라리 내기 마케팅을 잘 모르는 사람이었다면 속이 편했을 것 같다. 그래서 가끔은 저 사람들이 사기를 치고 있다는 말이 목구멍까지 차올랐다. 우리 회사와 하지 않으시는 건 괜찮지만 저런 회사하고는 같이 일하면 안 된다고 알려주고 싶었다. 하지만 그건 경쟁 업체인 우리가 할 수 있는 말은 아니었다. 그저 심사숙고해서 잘 결정하시라는 말씀만 드리고 돌아서야 했다. 아마 마케팅 일을 하면서 가장 답답하고 화가 나는 순간이 그럴 때인 것 같다.

그럴 때마다 나는 몇 년 전에 주얼리 사업을 하다가 마케팅 사기당했던 시절을 떠올렸다. 심사숙고하고 내린 결정이었지만 그 결정으로 그 사업이 망가졌다. 그때 내가 겪은 상심은 이루 말로 할 수 없었다. 수없이 밤을 설치며 자책했다. 왜 그들의 말이 거짓말인 것을 몰랐을까. 조금만 더 생각했다면 뻔히 알 수 있었을 텐데.

하지만 그 일로 분명히 배운 것이 있었다. 고객의 관점에서 제일 힘들었던 부분을 반대로 하기로 했다. 앞서 말한 대로 그 결심으로 인해 우리 회사에서는 고객의 비용이 어떻게 쓰였는지 투명하게 공개하는 시스템을 도입했다. 그리고 그 결심이 지금의 우리를 만들어준 셈이기도 하다.

두 번째, 모든 책임은 내가 진다는 차가운 현실을 배웠다. 물론 대학생이던 내가 너무 어려서 그런 일이 발생했을 수도 있다. 하지만 그 일을 그로부터 5년이 지나서 처음 겪었다면, 과연 그때는 다른 결정을 했을까? 아마도 아닐 것 같다. 단순히 시간이 지나 나이를 먹는다고 해서 그런 일을 당하지 않는 것은 아니라, 어떤 경험을 쌓아왔는지에 따라 달린 문제일 테니까. 결국, 언제가 되었든 누구나 사업을 하려면 통과의례처럼 한 번은 겪어야 할 일이 아니었을까 싶다.

그런 사기꾼들에게 당한 분 중에 왜 그런 거짓말에 넘어갔는지 모르겠다며 우리를 다시 찾아주는 분들도 가끔 있다. 그러면서 왜 그때 상대가 거짓말을 하는 것을 알려주지 않았냐고 할 때도 있다. 그래서 나는 그런 고객들에게는 이렇게 이야기해준다.

"일단 그때를 잠깐 떠올려보세요. 제가 어떤 말씀을 드리던 이미 제 말보다는 그 사람들의 말을 더 신뢰하셨을 겁니다. 사람은 원래 자기가 믿고 싶은 방향으로 믿어버리는 경향이 있거든요. 장밋빛 미래만을 보여주는 쪽과 저희처럼 현실을 있는 대로 보여드리는 쪽이 함께 있으면 자꾸만 저쪽으로 눈길이 가기 마련입니다. 그때 만약 제가 상대방에 대해 안 좋게 이야기했다면 능력도 없으면서 남을 헐뜯는다고 생각하셨을 겁니다."

그리고 잠시 뜸을 들여서 상대에게 생각할 시간을 준 후 한마디를 덧붙인다.

"화려함에 속지 마세요. 같은 값인데 겉을 화려하게 포장하려면 그만큼 안이 비게 되거든요. 어차피 속아야 한다면 평범함에 속는 것이 낫습니다."

될 수도 있는 것과 되는 것은 다르다. 특히나 마케팅을 통해 고객 가게의 매출을 얼마를 올려주겠다는 말은 거짓말이다. 처음부터 마케팅에 대한 이해가 되어 있지 않은 사람들인 셈이다. 아니면 알면서도 대놓고 사기를 치는 사람이던지. 당신이 과연 그런 사람들과 함께 일을 해서 성과를 만들 수 있을까?

마케팅은 그 대상을 세상에 노출을 시켜주는 일이고, 이를 통해 미래에 받을 관심을 현재로 빨리 당겨오는 일이다. 노출을 얼마나 할 수 있는지는 투입되는 비용의 규모와 마케팅 업체의 역량이 함께 시너지를 내어 만드는 것이므로 성과를 약속할 수 있다. 그리고 그 노출로 인해 매출이 오를 가능성이 큰 것은 맞다. 하지만 또 다른 변수들이 있다. 가게의 손님 접대 시스템, 타겟 고객층의 니즈 분석, 주문량에 따른 주방 대응 능력에 따라 진정한 게임이 시작된다. 위의 조건들에 따라서 한 번 온 고객이 다시 올만 한 가게인지 결판이 난다. 그리고 그에 따라 매출은 현격한 차이를 보이게 된다.

그런데 자기들과 함께하면 현재 매출에서 무조건 몇 배 이상 매출이 상승할 거라고 당당하게 말할 수 있는 근거가 무엇인지 알 수 없다. 아마도 위의 조건들이 모두 최상으로 갖춰진 상태를 가정하고 던진 숫자일 것 같다. 그리고 같은 이유로, 나중에 매출이 오르지 않으면 자기들 잘못이 아니라 가게의 문제라고 하겠지. 그러면 그 가게 사장님은 그제야 사기를 당했다며 억울해하게 될 것이다. 그러면서 마케팅 업체는 다 믿을 수 없는 것들이라는 한탄을 하게 된다.

대체 왜 그런 식으로 사람들을 현혹해서 돈을 뜯어내고 상처를 주는 걸까. 미꾸라지 한 마리가 온 개천을 흐린다고, 그런 사람들로 인해서 세상에서 마케팅 사업을 하는 사람들을 사기꾼 취급하게 되는 것도 싫다. 하지만 어쩔 수 없다. 그게 우리 앞에 놓인 현실이기 때문이다.

왜 사람은 잘하거나 돈을 많이 버는 일이 아니라 좋아하는 일을 해야 하는지 아는가? 나는 마케팅이 좋아서 이 일을 시작했다. 잘하는 일이라서 뛰어든 것이 아니다. 또한, 돈이 되기 때문에 한 일은 더욱 아니다. 물론 마케팅을 잘하면 돈을 잘 벌게 되지만 그것은 부차적인 것이다. 좋아하는 일을 해야 일과 삶이 하나가 된다. 그렇게 일과 삶이 하나가 되어 돌아갈 때 성취감과 희열을 느낀다. 나는 마케팅 일을 하면서 그것을 느낀다. 그렇게 되면 절대 그 일을 가지고 다른 사람을 등쳐먹는 짓은 하지 못한다. 그것은 내 삶을 속이는 일이 되기 때문이다.

물론 가끔은 성과를 내고도 허탈해지기도 한다. 마케팅하면서 매출이 잘 나오면 본인의 역량이고, 그렇지 않으면 마케팅을 하는 우리 잘못으로 여기는 사장님들을 만날 때가 있다. 말 그대로 '잘 되면 내 탓, 못 되면 조상 탓'을 하는 것이다. 그럴 때는 결과가 어떻든 우리의 노력이나 성과를 평가절하 당한다. 어쩌면 내가 좋아하는 일을 하면서 가장 속상한 순간은 이럴 때가 아닌가 싶다. 나 하나뿐만 아니라 같이 고민하고 고생한 직원들까지 제대로 된 평가를 받지 못하는 상황이기 때문이다.

초기에는 원래 하고 싶은 일을 하려면 하기 싫은 상황을 겪기 마련이라고 생각했다. 꽃길만 걷는 인생이 있을 리 없으니 다 겪어야 하는 과정으로 여겨야 했다. 하지만 그런 현상이 반복되면서 적어도 최소한의 자존심을 지켜야겠다는 생각을 많이 했다. 그래서 이제는 마케팅해도 매출이 안 나올 곳은 아예 마케팅 의뢰를 받지 않는 결정을 하기도 한다.

물론 그러면 사장님들이 "마케팅을 해서 매출을 올리면 되는 거 아니냐?"라는 질문을 할 때가 많다. 그러면 역으로 "사람들이 많아질 때 마케팅을 해보시는 게 어떠냐?"고 되묻는다. 매출이 어느 정도 잘 나온다면 그만한 이유가 있는 것이고, 그 상황에서 더욱 다양한 사람들에게 노출하기 위해서 마케팅을 하는 것이 더 나을 거라는 제안을 하는 것이다. 실제로 그러한 상황이 가장 이상적으로 마케팅이 효과를 발휘할 수 있는 타이밍이고, 그래야 고객분도 마케팅의 효과를 명확히 느낄 수 있을 것이기 때문이다. 우리는 이렇게 좋아하는 일을 하면서 우리 자신의 자존심도 지킬 방법을 택하고 있다.

세상의 다양한 분야에서 일하는 분들이 자기 일을 진심으로 좋아하길 바란다. 잘해서 시작했을 수도 있고, 돈을 벌기 위해서 시작했을 수도 있다. 하지만 결국 마지막에는 그 일이 좋아서 하고 있어야 한다. 그래야 비로소 삶이라는 것이 이어갈 가치가 생기게 될 것이다.

당신도 지금 하는 당신의 가게를, 당신이 만들 음식을, 당신의 가게에 찾아오는 분들을, 진심으로 좋아하기를 바란다.

8. 현실은 책이 아니다

　어떤 사업이든 그 분야에 대해서 미리 배움이 필요하다. 특히나 요즘은 다양한 루트를 통해 정보를 접하고 배울 기회가 많다. 그래서 가끔은 현장에서 만나는 사장님들이 마케팅 관련 지식수준이 높을 때도 있다. 그럴 때는 협의도 빠르고 일도 수월하게 진행된다. 어떤 분야이건 간에 이제 예전만큼의 정보 비대칭은 존재하지 않는 것 같다.

　그러나 가끔은 자신의 기준도 제대로 서 있지 않은 분들이 어설프게 얻은 지식으로 다 아는 것처럼 행동할 때가 있다. 더닝 크루거 효과라는 말을 들어본 적이 있는가? 이는 미국 한 대학에서 실험으로 제안한 이론인데, 특정 분야에 대해 조금 아는 사람은 자신의 능력을 과대평가하는 경향이 있지만 적당히 유능한 사람은 자신의 능력을 과소평가하는 경향이 있다는 것이다. 즉, 책 몇 권과 강의 몇 개 듣고 나서 자신이 그 분야에 잘 아는 사람인 것처럼 느끼고 행동하는 사람들이 종종 있다.

　그리고 거기에 신념이 더해지면 고집불통이 된다. 특히나 회사 은퇴를 통해 인생의 1막을 마무리하고 새롭게 2막을 여는 분들이 그런 경향이 심할 때가 많다. 삶의 1막을 잘 해냈다는 자신감과 은퇴 직전에 회사에서의 직위에 따른 자존심이 더해지면, 자기중심의 생각을 고수하며 타인의 의견을 고려하지 않는다. 일을 도와주러 온 우리로서는 속이 터진다.

왜 이분들은 열심히 책을 읽고 강연도 들었는데 현실과 동떨어진 이야기를 하는 현상이 벌어질까? 그리고 왜 이분들은 다른 사람들의 말은 믿지 않으면서 책이나 강연을 통해 들은 내용을 믿을까? 그리고 이러한 문제를 해결하려면 어떻게 해야 하는 걸까?

책이든 강연이든 모두 만드는 사람의 생각을 반영해서 만든다. 그리고 그런 자료 대부분은 긍정적인 이야기를 전한다. 그렇지 않은가? 아마 당신도 성공한 음식점에 관한 책을 몇 권 읽었을 것이다. 이런저런 강연도 챙겨 들었을 것이다. 그리고 그들의 이야기를 통해 당신도 할 수 있다는 용기를 얻어서 장사를 시작했을 수도 있다.

하지만 나는 그 반대다. 음식점 사업은 어렵다. 제발 알지도 못하면서 무턱대고 시작할 일이 아니라고 분명히 말하겠다. 현실은 그렇게 호락호락하지 않다. 몇 번 이야기한 것처럼 5년 이내에 80%의 가게가 문을 닫는 것이 음식 장사다. 오죽하면 지금 이 장의 주제도 "살아남는 것이 성공보다 우선이다"라고 했겠는가.

물론 시작한 일이 잘될 것이라는 믿음은 중요하다. 미래가 보이지 않으면 시작하기조차 어렵기 때문이다. 하지만 그 믿음은 객관적이고 냉철한 분석 위에 있어야 한다. 어려울 때 조언을 구할 곳까지 준비된 상태에서 가질 수 있는 것이다. 몇 권의 책을 읽고, 성공한 사람의 강연을 들었다고 되는 일이 아니다.

특히 음식 장사는 더욱 심하다. 어떤 형태로든 각자의 로망과 환상 위에 음식 장사를 시작한다. 그렇게 되면 방송에서 만나는 프로그램들처럼 내 가게도 시간이 지남에 따라 잘 되리라 막연한 희망을 품게 된다. 하지만 그 프로그램들에 나오는 것처럼 멋진 성과를 얻기 위해서는 훨씬 복잡하고 어려운 여정을 거쳐야 한다. 식자재 관리, 치열한 경쟁, 시간과 장소의 제약, 고객관리, 직원 관리까지 정말 많은 일이 유기적으로 돌아가야 한다. 어떻게든 해결할 거라는 무대포 정신으로 덤벼들 일이 아니다. 제발 책 몇 권 읽었다고 모든 것을 알고 있는 것처럼 이야기하지 말자.

또한, 책과 강연을 통해 만난 이야기가 다 맞는 이야기인 것도 아니다. 성공한 사람들이 전하는 이야기 대부분은 그들의 힘든 시기를 그들의 방식으로 이겨낸 영웅담에 가깝다. 그런데 그들이 겪은 시절과 환경이 당신 앞에 놓인 현실과는 다르다. 그러니 그 책의 내용이 당신에게도 똑같이 적용될 거라고 믿어서는 안 된다. 생각해보라. 책을 읽었건 그렇지 않건, 당신이 지금 하려는 일을 10년 전에 시작했다면 과연 지금과 똑같이 했겠는가? 절대 그렇지 않다. 일단 당신 자체가 10년 전과 지금 다른 사람이고, 세상도 완전히 다르기 때문이다. 코로나 이전과 이후 세상은 완전히 달라졌고, 당신은 마주한 현실은 지금도 계속 변해가는 중이다. 그러니 제발 자기 자신에게 답이 다 있다는 아집에 빠지지 않았으면 한다.

그렇다면 왜 이 일에 매달리고 있는 우리의 말보다 책이나 강연에서

들은 이야기를 더 믿는 것일까? 처음에는 우리가 경력이 없어서 그렇게 생각할 수도 있을 것 같았다. 하지만 시간이 지나서 많은 성공 사례가 생긴 후에도 우리 이야기보다 자신이 책에서 읽은 것을 더 중요하게 생각 분들이 존재했다. 아무래도 책이나 강연을 한 사람의 권위에 의지하고 있는 것 같았다. 그 저자분들보다 우리가 더 성공한 것은 아니니 당연히 그분의 이야기에 더 귀 기울이고 있다고나 할까.

이런 현상에 대해서 이렇게 이야기하고 싶다. 본부에서 아무리 뛰어난 전략을 준비해도 그 작전을 실행하는 것은 다른 일이다. 예를 들자면, 제갈량이 아무리 천재적인 작전을 짜서 준비해도 그것을 실행하는 것이 관우나 장비 정도 되어야 그 전략도 빛을 발하는 것이다. 지금 막 전장에 처음 나선 장수는 아무리 좋은 전략을 줘도 병사를 운용하지 못한다.

삼국지 장수로 비교하자면 당신은 관우, 장비 급인가? 아니면 이제 막 전장에 나선 새내기 장수인가? 그렇다면 당신은 지금 제갈량의 조언을 들어야 할까, 아니면 관우 장군의 휘하에서 실제 장병들을 어떻게 훈련하고, 전장에서 어떻게 움직이는지, 병참은 어떻게 관리하는지를 배워야 할까?

뜬구름 잡지 마라. 가야 할 목적지를 찍는다고 당신의 사업이 자동으로 그곳을 향해 가지 않는다. 그런 것은 대기업 회장인 분들이나 할 수 있는 일하는 방식이다. 누군가의 한 마디에 수많은 사람이 한 방향으로 일사불란하게 움직이는 것은 지금 나에게 절대로 일어나지 않는다.

당신은 모든 짐을 짊어지고 목적지까지 당신의 두 다리로 가야 한다. 그 길 위에서 다양한 상황이 벌어질 것이고, 그 상황을 해결하면서 당신의 능력이 자라게 된다. 진정한 성장은 상호 작용이 필수적으로 필요하다. 사람과 사람 또는 현상과 사람의 상호 작용이 이루어져야 한다는 이야기이다.

물론 내게 절박한 문제가 생겼고, 그 문제를 다른 사람이 어떻게 해결했는지를 들을 수 있다면 책이나 강연도 도움이 된다. 그러나 그렇지 않고 일방적인 정보 전달을 받는 형태라면 효과가 없다. 잘 떠올려보라. 그 수많은 음식점 멘토링 프로그램들, 어떤 프로그램도 단 한 번 방문으로 그 가게를 바꾸어놓지 못한다. 몇 번, 몇 주에 걸쳐서 꾸준하게 서로 이야기 나누고 피드백을 하면서 나아진다. 어려움을 마주하고, 그 해결 방안을 협의한 다음 그에 맞춰 실행해야 한다. 그리고 마지막으로 그 실행 결과를 가지고 다시 한번 피드백을 통해 개선점을 찾아야 그 문제가 개선된다는 것이다.

따라서, 당신이 찾아야 할 사람은 멘토가 아니다. 함께 갈 동행자다. 그리고 그 분야에 대해 경험이 풍부한 동행자라면 금상첨화다. 마치 히말라야의 산을 오르려는 사람에게 그 지역 전문가인 셰르파가 필요하듯, 당신에게는 각 분야의 어려움과 문제들을 함께 고민하면서 해결해 나갈 동행자가 필요한 것이다.

그러니 무엇보다 중요한 것은 좋은 동행자를 구하는 일이다. 여러분의 사업을 위해 당연히 좋은 사람들을 찾아야 한다. 세무, 회계, 식자재 관리, 인력 관리, 마케팅 모든 분야에 분명히 함께 믿고 갈 사람이 필요하다. 물론 어떤 사람이 좋은 사람인지 알아보기도 쉽지 않은 일이다. 하지만 어차피 그런 사람들을 찾아서 그 사람에게 맡긴 일은 전적으로 믿어줘야 한다. 그렇게 해서 많은 사람이 당신의 사업을 도와주는 상황이 되어야 당신의 목적했던 곳까지 무사히 다다를 수 있을 것이다.

9. 평범한 동네 가게가 되는 것이 우선이다

음식 장사를 시작한 사람이라면 누구나 이름난 맛집이 되고, 별도 홍보를 하지 않아도 항상 가게 입구에 사람이 대기하는 유명한 가게가 되기를 꿈꿀 것이다. 물론 그렇게까지는 바라지 않는다고 하는 사람들도 있겠지만, 적어도 많은 사람에게 인정받고 경제적으로도 풍요로운 생활을 할 수 있는 가게가 되기를 바라는 것은 모두가 같을 것이다.

그렇다면 그 목표를 향해 가기 위해 몇 개의 중간 단계를 만든다면, 가장 중요한 첫 번째 중간지점은 어디일까? 사람마다 그런 이정표는 다르겠지만, 내가 생각하기에 가장 중요한 첫 단계는 평범한 동네 가게가 되는 것이다. 그렇다. 특별할 것도 특출날 것도 없는 항상 그곳에 있다는 느낌을 주는 가게를 말한다.

이해가 가지 않을 수도 있다. 처음부터 신기한 음식과 통통 튀는 아이디어를 동원해서 공격적으로 홍보하고, 많은 사람에게 알리는 방법이 더 나아 보일 것이다. 그렇게 시작하자마자 빠르게 돈을 벌고 싶은 마음도 이해한다. 하지만 그렇게 해서 성공한 음식점이 되기는 거의 불가능하다. 왜 그럴까?

한 가지 비슷한 문제를 생각해보자. 여러분이 K-POP을 이끌 아이돌 그룹을 키우고 있다. 이제 육성이 끝나고 데뷔를 시킬 예정이다. 멤버들의 노래와 춤 실력은 어느 다른 유명 그룹에 비교해도 떨어지지 않는다고 자부할 수 있다. 각 멤버 개인의 매력도 넘치는 상황이다. 어떻게 육성을 해야 이 그룹이 우리나라를 대표하는 그룹으로 성장할 수 있을까?

좋은 노래와 톡톡 튀는 포인트 안무를 구해야 할까? 그럴 수 있다면 당연히 도움이 된다. 하지만 좋은 곡 하나만 가지고 세상에 나왔다가 소리 없이 사라진 그룹이나 가수도 많다. 소위 말하는 '원 히트 원더' 현상이다. 그러니 대박이 아니더라도 첫 곡, 그리고 후속곡이 지속해서 잘 이어져야 제대로 자리를 잡을 수 있다. 즉, 무엇보다 중요한 것은 꾸준하게 활동할 수 있어야 한다는 것이다.

잘 생각해보자. 이미 유명한 또는 이미 아이돌 그룹으로써 절정기를 넘어간 유명했던 팀들의 경우 일 년에 한 번 정도 활동을 할까 말까 한다. 그보다는 전국 또는 전 세계를 돌면서 공연하기 바쁘다. 하지만 여러분들의 머릿속에 이제 막 자리 잡아야 하는 신인 그룹의 경우에는 일 년 동안 4~5곡의 새로운 노래를 들고나온다. 두 달 활동하고 한 달 준비하는 패턴을 네 번 반복하면 일 년이 금세 지나간다. 그렇게 사람들의 머릿속에 이 그룹이 있다는 것을 알리는 시간이 1~2년 정도 걸리고, 그 기간을 잘 지나가야 비로소 음악 시장에 자리를 잡게 된다.

음식점 마케팅을 하다 보면 이런저런 통계 수치를 마주하게 된다. 그중에서 가장 신기하면서도 어쩌면 무서운 수치가 하나 있다. 한 사람이 어느 한 가게를 평생 몇 번이나 방문하는지에 대한 통계 결과이고, 그 숫자는 7번이라고 한다. 어떤가? 과연 나는 같은 가게를 7번 넘게 방문한 적이 있을까?

뭔가 이상하다고 느끼는가? 분명히 우리 동네에 내가 자주 가던 돈가스 가게는 7번은 넘게 갔을 것 같은데? 상가 지하에 있는 분식점은 학생 때부터 다 합하면 30번도 갔을 것 같은데? 하는 생각이 들 수도 있다. 대신 한 번만 가고 다시 가지 않은 가게는 수없이 많을 것이다. 그리고 그 이유는 그 가게가 별로였다기 보다는 그냥 깜빡해 버린 경우가 대부분이다.

여기가 가장 중요한 지점이다. 소위 말하는 단골집이라고 부를 수 있는 가게가 살아남는다. 아마 위에서 이야기한 돈가스 가게나 분식점은 수년 또는 그 이상 긴 시간에 걸쳐 그 자리에 있었을 것이고, 당신의 이런저런 추억들과 함께할 것이다. 어떤가? 당신의 가게가 유명해지려면 일단 이 단계를 반드시 거쳐 가야 하지 않을까?

단골이 생긴다는 것, 즉 재방문율이 높은 가게를 만드는 것이 최우선으로 해야 할 일이다. 그 위에 시간이 쌓여야 한다. 그렇게 되면 결국 시간이 내 가게를 유명한 가게로 만들어준다. 단기간에 달아오르는 가게들은 그만큼 빠르게 사라지는 경우가 많다. 예전에 유행을 타며 수도 없이 생겼던 찜닭 가게들이나 대왕 카스텔라 가게 등 아마 당신의 머릿속에도 떠오르는 곳이 있을 것이다. 그런 가게를 하셨던 분 중 일부는 돈을 벌었을 수도 있겠지만 아마도 많은 분이 유행을 탄다고 해서 달려들었다가 손해만 보고 가게를 접은 경우가 많을 것이다. 그러니 당신이 하려는 가게에 중요한 것은 지속성이지 단기에 정점을 찍는 것이 아니다.

그러면 이런 평범한 동네 가게가 되는 것을 첫 번째 목표로 한다면, 이것을 이루기 위해 가장 필요한 첫 단계는 무엇일까? 바로 '첫 손님을 단골로 만드는 것' 이다. 사실상 음식 장사라는 것도 일종의 다단계 사업이나 마찬가지이기 때문에, 한 번 왔던 누군가가 또 다른 누군가와 함께 오도록 하는 것이 최고의 홍보이다.

어처구니가 없는가? 단골을 많이 만들어야 한다는 것이 무슨 비법인 것처럼 비장하게 이야기를 하는지 도통 이해가 가지 않을 수도 있다. 어쩌면 나한테 속는 기분이 들 수도 있을 것이다. 하지만 그럼 나는 이렇게 반문하고 싶다.

"그래서, 첫 손님을 단골로 만들기 위해서 당신은 어떤 행동을 했나요? 구체적으로 세 가지 정도만 이야기해주실 수 있을까요? 만약 정해진 행동 같은 것은 없으시다면, 처음 온 손님을 단골로 만들기 위해 이 가게에 갖춰진 다른 요소들이 있을까요?"

어떤가? 당신의 가게에는 그게 무엇이든, 단 한 가지라도 처음 온 손님이 다시 오게 만들 수 있는 요소가 있는가? 설마 아직도 당신의 머릿속에 '맛있는 음식 말고 손님을 다시 올 수 있게 만들 수 있는 게 어디 있어?' 하고 생각 중인가?

물론 맛있는 음식이 가장 중요한 요소인 것은 맞다. 하지만 그것이 전부가 아니다. 당신이 어렸을 때부터 지금까지 쭉 가는 그 분식집이 이 동네에서 가장 맛있는 집인가? 다른 곳들도 모두 다니면서 비교해 보았나? 그렇지 않다. 어린 시절 친구들과 함께 다니던 추억이 있으니 떡볶이를 먹으려면 그 가게를 가게 되는 것이다. 즉, 그 가게에는 나와 관계된 스토리텔링이 존재하기 때문에 찾아가게 된다는 이야기다.

그렇다면 당신도 지금 당신의 가게 문을 열고 들어오는 분에게 이 가게와 얽힌 스토리가 만들어지게 해야 한다. 그리고 가능하다면 그 스토리는 즐겁고 기분 좋은 것이어야 한다. 다시 말해서, 당신의 가게에 찾아온 손님을 기분 좋게 만들 수 있는 요소들이 갖춰져 있어야 한다는 것이다. 따뜻하고 밝은 인사, 웃으면서 주문을 받는 태도, 계산할 때 맛있게 드셨냐고 물어보면서 다음에 오시면 더 잘해드리겠다는 말 한마디. 당연하다고 알고 있겠지만 과연 실제로 이런 것들이 잘 되고 있는지 한 번 더 돌아볼 필요가 있다.

내게도 그런 단골집이 하나 있다. 대학교 때부터 단골인 포장마차인데, 처음 갔을 때 술이 많이 취했었다. 그때 일어나서 집에 가려고 할 때, 아주머니가 내일 아침에 해장으로 먹으라면서 어묵꼬치 두 개와 국물을 싸주셨다. 그 따뜻한 마음, 정이 담긴 배려에 그 이후로 그 가게의 단골이 되었다. 그날 내 손에 쥐여주셨던 음식의 원가라고 해봐야 천 원도 하지 않았을 것이다. 하지만 그 한 가지 행동으로 나뿐 아니라 내 친구들까지 모두 그 가게의 단골이 되었다. 어떤가? 첫 손님을 단골로 만들기 위해 '무언가를 한다'라는 것이 왜 필요한지 이해가 가는가?

당신의 가게가 정말 최고의 맛을 자랑하는 가게라면 이런 고민은 할 필요가 없을지도 모른다. 하지만 그런 가게에 앞에서 이야기한 고객에 대한 배려가 더해지면 어떨까? 아마도 한 음식점이 유명해지는 최선의 조건일 것이다. 그러니 다시 한번 생각해보자.

"우리 가게는 첫 손님을 단골로 만들기 위해 어떤 것들을 하고 있나요?"

10. 내 고객은 내가 정한다

　가게를 열고 나서 생각보다 매상이 정체되거나 떨어지려는 기미를 보이면 초조해지기 마련이다. 치밀하게 준비를 했다고 생각해도 이런 일이 벌어질 때가 많다. 왜 이렇게 처음 생각한 것과 다른 상황이 펼쳐지는 걸까.

　여러 가지 원인이 있을 수 있다. 음식의 맛, 가격 정책, 가게의 청결도, 고객 응대 방식 등 찾아보면 어딘가에는 허점이 있기 마련이다. 하지만 그런 허점이 딱히 보이지 않을 때도 마찬가지 현상이 벌어질 때가 있다. 그럴 때는 굳이 원인을 찾으려고 너무 애쓰기보다는, 원래 이런 일이 생기기 마련이라고 생각해야 한다. 어떤 것이든 새로운 것이 사람들에게 인식되고, 이후 자리를 잡는 데는 시간이 걸리기 마련이기 때문이다.

　이런 상황은 마치 주식에 투자하는 것에 비유할 수 있다. 사려는 회사와 산업 분야에 대해 열심히 공부한 다음이라고 해도, 가진 돈을 몽땅 쏟아부어 주식을 매입하게 되면 이후 주가가 출렁거릴 때 버텨낼 수 있는 정신적인 여력이 없다. 마음에 여유가 없으면 누구라도 일희일비하기 마련이고, 그래서 일정 비율 이상 현금을 보유하고 있는 것이 중요하다. 그 여유자금이 있으므로 인해서 흔들리는 마음을 다잡을 수 있기 때문이다.

가게도 마찬가지다. 어떤 음식을 판매할지, 입지는 어디에 할지 최대한 꼼꼼하게 검토하고, 동시에 잘 될 수 있다는 확신을 가지고 시작해야 한다. 하지만 아무리 아이템이 좋고 준비를 잘해도 최소 6개월은 매출이 지지부진할 수 있다. 그러니 그 기간을 버틸 수 있는 심리적, 경제적 여유가 있어야 한다. 그렇지 않으면 단기간에 큰 손해만 남긴 채 포기하게 되는 경우가 많다.

물론 그렇게 준비가 되어 있다고 해도, 참아내는 그 시간은 힘들다. 그러지 않으려고 마음을 다잡아도 하루 매출에 웃고 우는 것이 가게 사장님들의 삶이다. 그렇다면 그 시간을 잘 이겨내기 위해 도움이 될 만한 것들은 어떤 것들이 있을까?

우선 '이 장사를 왜 시작했을까?' 하는 질문을 자신에게 던져봐야 한다. 단, 자조적인 태도로 한탄하듯이 해서는 안 된다. 초심을 돌아보고, 다시 스스로 자극하는 형태가 되도록 해야 한다. 평소보다 조금 일찍 출근해서 한 5분~10분 내외만 차분하게 이 질문에 답해보는 습관을 가지는 것도 좋은 방법이다.

스스로 질문을 던지고 나면 많은 생각이 들기 마련이다. 당연히 돈 벌려고 시작한 일이고, 잘할 수 있을 거라는 생각이 들어서 한 일인 것도 맞다. 그리고 그에 비해 잘 되고 있지 않아서 후회스러울 수도 있다. 생각보다 식자재 원가가 이렇게 많이 들 줄 몰랐을 수도 있고, 아르바이트하는 직원이 마음에 들지 않아서 답답할 수도 있다. 메뉴를 바꾸고 싶을 때도 있고 가격을 내려야 하는지도 고민할 것이다. 이 밖에도 수많은 생각이 오고 간다. 하지만 분명히 그 끝에는 한 가지 결론에 도달하게 될 것이다. 바로 '내가 하고 싶어서, 내가 좋아해서 시작한 일'이라는 것이다.

그렇다면 무엇이 이 일을 하고 싶게 만들고, 이 일을 좋아하게 만든 걸까? 단순히 돈을 벌기 위해서만은 아니었을 것이다. 돈만 버는 것이 목표였다면 음식 장사를 고집할 필요는 없다. 특히 요즘은 자본 없이 시작할 수 있는 일들이 세상에 널려있다. 그런 상황에 굳이 월세까지 내면서, 주방과 인테리어 시설을 갖추는데 돈을 쓴 이유는 무엇인가?

그리고 그 과정에 억지로 이 일을 하도록 강요한 사람은 아무도 없다. 내 의지로 시작한 일이라는 이야기이다. 즉, 내 안의 어딘가에서 이 장사를 통해서 즐거움을 찾고, 보람을 느끼고 싶어 하는 것이다.

그리고 그 보람은 결국 찾아온 고객들이 음식과 서비스에 만족해서 가게 문을 나서게 하는 것이다. 고객들이 돌아가서 남은 하루를 즐겁게 마무리할 수 있도록 하는 것이 내가 이 일을 시작한 이유라는 이야기다. 그렇다면 결국 이 가게의 목적은 온 힘을 다해 고객들을 즐겁게 만드는 것이다.

그 이외의 것은 모두 부가적인 것들이다. 고객을 즐겁게 만들면 돈도 벌고, 입소문을 타서 더 많은 고객이 생기고, 그 과정에 나 또한 인정받으면서 즐겁게 된다. 즉, 나의 즐거움이 고객의 즐거움에 달린 셈이다. 그렇다면 내가 원하는 고객들이 누구인지 떠올리고 그 들이 내 가게에서 행복해하는 모습을 머릿속으로 떠올릴 수 있어야 한다.

어떤 고객들이 찾아와서 내가 만들어둔 이 공간에서 즐겁게 지내다 돌아갔으면 좋겠는가? 40대 중반의 셀러리맨들이 퇴근 후 소주 한잔 걸치러 오는 공간인가? 가족이 함께 와서 부담 없이 식사할 수 있는 공간? 젊은 여성분들이 시원하게 맥주를 마시면서 발랄한 분위기를 자아내는 공간? 똑같은 메뉴를 팔더라도 내가 머릿속에 떠올리는 고객에 따라서 바뀌게 되어 있다. 그 장면이 이루어지는 순간을 그려보고 그 순간에 맞는 것들을 하나씩 해내면 된다. 그리고 그 안에서 고객들과 어울려서 즐거운 내 모습이 함께 그려지면 금상첨화다. 안주가 조금 부족한 고객을 위해 간단한 요리를 해서 서비스로 제공하면서 웃는 내 모습, 시원한 생맥주를 따르면서 금방 가져다드린다는 제스처를 하는 내 모습, 식사를 마치고 나가는 가족의 아이에게 간단한 디저트를 손에 쥐여주는 내 모습. 그 어떤 것이든 상관없다. 그 장면에서 내가 함께 어우러져서 즐거울 수 있다면 된다.

어차피 모든 고객이 다 좋아하는 가게가 될 수는 없다. 셀러리맨들도 오고, 가족들도 오고, 젊은 분들도 많이 찾는 가게는 없다. 과연 나는 어떤 고객층과 가장 즐겁고 행복할 것인가? 그 답을 찾는 시간을 가져보자. 힘든 시간을 이겨내는데도 도움이 되고, 가게가 앞으로 나아갈 방향에 대해서도 큰 도움이 될 것이다.

우연히 찾아오는 새로운 고객보다는 다시 찾아오는 고객이 늘어야 한다. 그리고 처음 오는 고객이 내 머릿속에 떠올렸던, 이 공간에서 가장 즐겁게 있다가 갈 고객이라면 더 관심을 많이 기울여서 접객해야 할 것이다. 그렇게 내 단골 고객을 만들어가는 시간이 쌓여야 당신의 가게는 살아남을 수 있다.

그리고 내가 원하는 고객을 확보하기 위해서라면, 할 수 있는 노력을 최대한 많이 해야 할 것이다. 필요하다면 고객의 명함을 받거나, 이름을 알아두면 어떨까. 그래서 다음번에 다시 방문했을 때 단순한 '어서 오세요'가 아니라 김 과장님, 박 사장님하고 이름을 부르면서 인사를 해보자. 그러면 그 고객은 분명히 그 다음에도 또 당신의 가게를 찾을 것이다. 그리고 그때는 이 대리, 최 부장님과 함께 오게 된다.

내 고객은 내가 정한다. 그리고 그런 고객을 꾸준하게 늘려가야 한다. 초기 6개월간 매출이 안정화 되지 않는다고 창밖만 내다보면 안 된다. 문 앞에 오가는 사람들에 설레었다가 그들이 들어오지 않아서 실망하는 행동은 제발 그만 반복하자. 그 시간에 해야 할 일은 내가 정한 내 고객들이 한 번이라도 더 오고 싶게 만드는 아이디어를 내는 일이다.

11. 이웃 가게는 경쟁상대가 아니라 동료다

1) 이웃 가게를 대하는 방법

　감자탕을 주메뉴로 장사를 하는 가게에서 미팅 요청이 있었다. 가게를 연 지 2년 정도 되었고 이 전에 마케팅을 별도로 해본 적은 없다고 했다. 보통 홍보 요청을 할 때는 처음 가게를 여는 타이밍에 힘을 싣기 위해서 연락이 오는 경우가 대부분이다. 그리고 주메뉴도 감자탕이라면 별도의 마케팅 요청이 많지 않은 편이다. 그런데 2년이 넘은 감자탕 가게라니 조금 의아한 생각이 들었다.

　미팅을 위해 가게를 방문하러 가는 길에 확인해보니 나쁘지 않은 상권이었다. 하지만 그 가게 골목은 그리 붐비는 위치는 아니었다. 일단 주변 부동산에 들러서 감자탕 가게에 관해 물어봤다. 대부분 감자탕 가게 사장님을 알고 있었다. 생각보다 장사가 잘되지 않아서 망한 가게도 꽤 있는데 그래도 그 가게는 몇 년째 그 자리를 지키고 있었고, 주변에서는 잘 되는 편에 속한다고 했다. 사장님이 고객 응대를 참 잘하셔서 단골들이 많고, 주말이면 그 손님들이 자기 가족이나 지인과 함께 오는 경우가 종종 있어서 주말 장사도 잘 이어가고 있다고도 했다.

　어느 정도 사전 조사를 끝내고 약속 시각에 맞춰 가게에 들어갔다. 인사를 드리자마자 사장님은 우선 길 건너편으로 가 보자고 했다. 그렇게 자리를 옮기면서 다급한 듯 빠르게 말을 쏟아냈다.

"두 달 전부터 길 맞은편에 맥줏집이 생겼어요. 수제 맥주와 피자를 주메뉴로 팔아요. 피자도 엄청 널찍하게 만들어서 조각으로 파는데요, 떡볶이나 치킨도 곁다리 메뉴에 있어요. 흰색 벽에 붉은색으로 간단하게 인테리어를 하고 장사를 하고 있습니다."

우리에게 연락한 이유는 간단했다. 건너편에 맥주를 파는 가게가 생긴 이후로 매출이 줄었다는 이야기였다. 그리고 현 상황에 사장님은 한숨만 내쉬고 있었다.

"내가 벌써 이 자리에서 2년 넘게 장사를 했어요. 처음에는 손님이 없어서 살아남으려고 무진장 애를 썼어요. 새벽 일찍 와서 고기 삶고 다른 재료 준비하는 일부터 밤에 마감할 때까지 정말 온종일 매달려서 살아요. 애들이 놀러 가고 싶다고 해도 제대로 가 본 적도 없을 만큼 열심히 살았는데, 저 맥줏집이 들어오자마자 우리 손님들 다 뺏어가서 속이 터져요. 어떻게 저렇게 오자마자 잘 되는지 도통 몰랐는데 누가 그러더라고요. 오픈할 때 홍보도 하고 해서 그런 거라고…. 저는 그런데 돈 쓰는 거는 생각도 못 했거든요. 그래서 어찌해야 할지 몰라서 고민하다가 더 늦으면 안 되겠다 싶어서 주변에 물어보니 대표님 회사를 알려주길래 연락드렸습니다."

일단, 이 상황이 이해가 잘 가지 않았다. 건너편의 맥주 가게는 젊은 층을 대상으로 한다. 더구나 피자가 주메뉴라면 감자탕을 먹으려는 사람들과 딱히 고객층도 겹칠 리가 없다. 그래서 차분하게 가게 사장님과 상황을 파악해봐야겠다는 생각이 들었다. 사실 우리 회사에서 할 일은 아니었지만, 무엇보다 이 가게를 위해 최선의 대안이 무엇인지를 파악해서 도움을 드릴 수 있어야 할 테니까.

가게가 생긴 2년 전에는 주변에 이렇다 할 음식점도 없었다. 음식점들이 모여있던 곳은 한 블록은 더 가야 했고, 논 한가운데 허수아비가 덜렁 서 있듯 감자탕 가게를 열었다. 시작할 때 월세가 싼 곳을 구하려다 보니 중심가에서는 조금 떨어지더라도 이 위치를 얻을 수밖에 없었다고 했다.

초기에 3개월간은 정말 살얼음판을 걷는 기분이었다고 했다. 갑자기 생겨난 가게에 손님이 올 리 없었고, 사장님은 거의 매일 중심가에 나가서 전단을 돌리면서 소주 한 병은 서비스로 드린다고 손님을 모으기 시작했다. 그렇게 하루하루 버티면서 고객이 생기기 시작했고, 명함을 받아서 연락처에 저장해 두고 정기적으로 문자도 보냈다. 그 외에도 참 많은 것들을 시도하면서 여기까지 이끌어 온 상황이었다.

그리고 이 가게에 오가는 사람들이 생기면서 주변에 다른 가게들도 하나둘 생겨났다고 했다. 그래서 이 골목을 이만큼이라도 키운 자부심도 있었다. 그리고 그때 결정적인 이야기를 한 가지 들려주었다.

"장사 처음 시작할 적에 힘들었던 거 빼고는, 우리 가게는 매출이 전달보다 항상 올랐어요. 한 일 년 반 정도 그렇게 매상이 올랐지요. 그리고 나서는 큰 차이 없이 유지되고 있고요. 그런데 그 매출이 저 가게 들어서고 나서는 두 달 연속 확 줄어들었지 뭡니까.

그리고 자주 오던 고객분들 중 많은 분이 저 맥줏집으로 들어가시는 걸 봤어요. 서운하지만 왜 그리 가시느냐고 할 수도 없고, 그저 속앓이만 했지요. 그래서 어떻게 해서라도 다시 고객분들이 우리 가게로 찾아오게 만들고 싶어요."

거기까지 이야기를 듣고 마케팅을 하지 않는 것이 좋겠다고 이야기를 했다. 그 이유는 간단하다. 맥주 가게는 절대로 감자탕 가게의 매출에 악영향을 미치지 않을 것이기 때문이다. 그렇다면 왜 두 달간 감자탕 가게의 매출이 빠졌던 걸까?

답은 바로 계절 때문이었다. 맥주 가게가 연 것은 6월 말이었다. 그리고 두 달 내외, 더운 날씨에 사람들이 시원한 맥주를 한잔하러 갈 수요가 훨씬 많았을 것이다. 그리고 가게 오픈에 맞춰서 홍보까지 한 분이라면 아마도 사람들이 몇 번 더 방문하게 할 만한 이벤트도 준비했을 것이다. 그러면 자연스럽게 한동안 주변 가게에는 사람이 없다. 그 이유로 매출이 빠졌을 것이다. 그래서 오히려 사장님께는 이런 팁을 드렸다.

"맥주 가게 가셔서 장사가 잘되시게 도와드리고 싶다고 하시면서, 맥주 가게에서 술 드신 분들이 영수증 들고 감자탕 먹으러 오시면 서비스를 주신다고 해보세요. 예전처럼 소주 한 병 서비스도 괜찮고, 아니면 안줏값을 10% 깎아주셔도 좋을 것 같습니다. 맥주 마시고 나서 오시는 손님들은 늦은 시간이라 어차피 저 가게 아니면 오지 않았을 손님이니 그렇게 파셔도 좋으실 겁니다."

감자탕 사장님은 이내 알아들으시고, 맥주 가게와 이야기를 나누고는 쿠폰을 만들어서 공유했다. 그래서 각각의 가게에서 1차를 마치고 2차로 온 분들께는 조그만 안주를 서비스로 제공해주는 형태로 운영했고, 감자탕 가게는 9월부터 날씨가 서늘해지자 매출이 정상화되었고, 그 이후에는 3개월간 계속해서 증가했다. 맥주 가게의 등장으로 새로운 고객층이 유입되고, 그 고객들이 감자탕 가게에도 매출 증가 요인으로 작용한 것이다.

완전히 동일 메뉴, 예를 들어서 빵집이 서로 길을 마주 보고 있는 경우에는 말 그대로 서로 손해가 나는 상황이 벌어진다. 하지만 이렇듯 메뉴가 겹치지 않으면 서로 시너지를 낼 방법이 많다. 그러니 주변에 새로 오픈하는 가게가 있으면 그 가게와 함께 잘할 방법을 찾아보는 것이 우선이다. 특히나 음식점을 경영하는 방법이나 식자재 공급받는 루트 등 다양한 방면에서 정보를 공유할 수도 있으니 가까운 가게들은 같은 전쟁터에 나가는 전우라는 생각으로 대할 수 있으면 좋겠다.

2) 거래처를 대하는 방법

 음식 장사에서 제일 중요한 것은 음식의 맛이다. 몇 번을 강조해도 부족함이 없다. 물론 음식의 맛이 모든 것을 결정짓는 것은 아니다. 사람이 하는 일에는 언제나 변수는 있기 마련이다. 하지만 다른 문제는 모두 그 해결방안을 마련할 수 있지만, 음식의 맛이 없는 것은 다른 범주의 문제다. 가게의 정체성이 바뀌는 수준의 큰 변화가 필요하다. 말 그대로 재창업하는 것과 같다.

 그리고 힘들게 음식의 맛을 잡고, 홍보를 통해서 가게를 알려도 반드시 성공하는 것은 아니다. 처음에 반짝 사람이 몰렸다가 얼마 시간이 지나지 않아서 손님이 급감하는 예도 비일비재하다. 이 경우에는 여러 가지 문제가 겹친다. 갑자기 손님이 늘어나게 되면 홀에서 감당하지 못하고 서비스가 망가지는 경우가 있다. 또는 변경된 레시피를 주방에서 제대로 감당해내지 못할 때도 있다. 바빠지게 되면 재료 소분이나 관리가 소홀해져서 음식의 맛이 들쭉날쭉해지는 경우도 허다하기 때문이다. 그리고 고객이 늘어나면서 재료 주문을 급격히 늘리다 보니, 미리 주문한 재료가 창고나 냉장고에 처박혀 있는 채로 상태가 나빠지는 경우도 발생하기 마련이다.

 이런 상황에 제일 신경 쓰기 힘든 것이 재료 주문 및 재고 관리이다. 음식을 만들기 위해서 기본 재료가 준비되어야 한다는 사실에만 집중하게 되면, 그 재료의 품질에 대해서 소홀해지기 마련이다. 그래서 제대로 된 음식을 만들기 위해서는 거래처 관리가 정말 중요하다.

흔히 말하길 일식의 경우 음식이 10이면, 재료가 8, 요리가 2 정도라고 이야기한다. 가끔은 재료가 9라고 하는 분들도 있다. 물론 날것으로 먹는 음식이 주요 메뉴라서 그렇게 표현하겠지만, 양념 된 요리를 낸다고 해서 크게 달라질 것은 없다. 가장 기본 재료인 채소도 관리가 조금만 소홀해도 상태가 금방 나빠지기 마련이다. 재료가 좋으면 요리 실력이 조금 부족해도 음식이 크게 뒤떨어지지 않지만, 재료가 나쁘면 아무리 요리 실력이 좋아도 별 볼 일 없는 음식이 나오기 마련이다.

그런 재료를 공급해주는 거래처를 어떻게 대해야 할까? 내가 돈을 주고 물건을 받으니 소위 말하는 갑의 위치에서 상대를 다루어야 할까? 아니면 그 사람이나 나나 모두 작은 가게를 하는 사람들일 테니 조금 문제가 생기더라도 좋게 좋게 잘 지내야 할까?

장사가 어려운 이유는 이런 문제에 정답이 없기 때문이다. 나의 성향, 상대의 성향, 주어진 환경에 따라 모두 다른 관계가 만들어진다. 따라서 모든 상황에 들어맞는 답이 있을 리 없다. 다만 이 상황을 이웃 가게와의 관계의 확장으로 바라보는 것이 가장 좋은 접근 방법일 것 같다.

우선 당신의 이웃 가게와 당신의 관계는 어떠한지 살펴보자. 처음 가게를 열고 인사를 나누기는 했어도 그 이후에는 소원하게 지내는 사이인가? 아니면 잠깐 쉬려고 가게 밖으로 나갔을 때 함께 가벼운 이야기라도 나누면서 웃을 수 있는 사이인가? 또는 정말 친해서 가끔 막역하게 술도 한 잔 나누는 사이인가?

 어떤 사이이건, 가장 중요한 것은 이웃이 나를 좋게 생각할 수 있도록 만드는 것이다. 위의 세 가지 상황 모두 다 그렇다. 예를 들어 소원하게 지내거나 가끔 인사나 나누고 마는 사이라고 하더라도, 당신이 가게 앞을 청소할 때 하는 김에 옆 가게 앞까지 물청소를 간단히 해준다면 그 이웃의 마음에 당신이 좋은 사람으로 기억될 것이다. 어차피 조금 긴 호스만 구해서 물 조금 더 뿌리면 되는데 어려울 일은 아니지 않을까. 이와 마찬가지로 거래처에서 물건을 가지고 왔을 때, 내가 여력이 된다면 운반을 조금 도와주거나 커피 한 잔 타주는 정도는 배려할 수 있을 것이다. 이러한 사소한 배려가 쌓이면 후에 큰 도움이 된다.

 두 번째는 금전적으로 문제가 없어야 한다는 것이다. 친하거나 친하지 않은 것은 당신의 성향에 따라 다를 수 있겠지만, 이웃과 좋은 관계를 쌓으려고 하면서 금전적인 문제를 일으킬 사람은 없을 것이다. 거래처와도 그런 형태로 관계가 맺어질 수 있으면 가장 좋다.

 돈을 주고받는 사이에 어떻게 금전적인 문제가 없을 수 있냐고 반문할 수 있다. 하지만 이 문제는 간단하다. 거래처들에 미수금이 쌓이지 않도록 처리하면 될 문제다. 특히, 물건을 납품하는 업체로서도 오히려 미수금이 없는 경우에 더 조심할 수밖에 없다. 상대가 언제든 편하게 재료 공급원을 바꿀 수 있기 때문이다.

이렇게 관계에 대한 원칙이 있다면, 그 이후에 일은 칼같이 처리해야 한다. 납품받은 재료의 품질이 좋지 않다면 곧바로 시정요구도 해야 한다. 좋은 사람이지만 일 처리를 제대로 하지 않으면 너무나 차가운 사람이 된다는 것도 동시에 보여줄 수 있어야 한다는 것을 명심했으면 한다. 좋게좋게 넘어가는 것은 관계의 문제이고, 단호하게 처리해야 하는 것은 일의 문제이다.

정답은 없겠지만 거래처를 대하는 기본 원칙은 이렇게 요약할 수 있다. 첫 번째는 내가 인간관계를 맺는 방식으로 대하되, 되도록 상대에게 좋은 사람이라는 인식을 심어주는 것이다. 그리도 두 번째는 상대와 금전적인 문제가 발생하지 않도록 하는 것이며, 이는 미수금이 없도록 관리하는 방안이다.

12. 청소가 망하지 않는 가게를 만든다

음식 장사는 할 일이 많다. 흔히 말하는 1인 기업이란 당신이 지금 운영하는 가게와 다를 바 없다. 사업의 콘텐츠인 요리를 개발하는 것도 당신이고, 그 콘텐츠를 반복 양산하는 시스템을 갖추는 것도 당신이다. 재료 조달도 당신이 하는 것이고 성과물, 즉 음식을 생산해 내는 것도 당신이라는 이야기다.

본격적인 일은 성과물이 나온 다음부터 이루어진다. 내부의 일이 끝나면 드디어 외부로 향하는 일이 시작된다. 마케팅, 고객 대응을 통해 매출을 올려야 한다. 그나마 내부의 일은 내가 원하는 대로 진행될 수 있는 여지가 많지만, 외부의 일은 그렇지 않다. SNS 관리부터 배달 앱 관리까지 해야 할 일이 수두룩하게 쌓여있고 신경을 써도 도통 결과가 신통치 않아서 답답할 때가 많다.

그렇게 매출을 올리고 나면 숨 돌릴 새도 없이 다시 처음으로 돌아가서 전체 시스템이 원활히 돌아갈 수 있도록 해야 한다. 그리고 그 과정에 세무, 회계 업무, 추가로 근무하는 직원이 있으면 인력 관리까지 모두 당신 몫이다. 얼핏 생각하기에 주로 몸을 쓰면서 일하는 것으로 생각하기 쉽지만, 정신적으로도 큰 스트레스를 받게 되는 경우가 비일비재하다.

그렇다 보니 음식 장사를 하다 보면 지치기 마련이다. 지치면 작은 것들에 소홀해지고, 한 번 소홀해지면 관심 밖으로 멀어지게 된다. 그리고 그 과정에 필연적으로 매출이 꺾이는 등의 외부 충격도 찾아오기 마련이다. 그때는 정말 다 그만두고 싶은 마음이 들 수밖에 없다. 그런 순간을 이겨내기 위해서는 무엇을 해야 할까? 아니면 그런 순간이 최대한 덜 찾아오게 만들려면 어떤 것이 필요할까?

일이 잘 풀리지 않으면 사람은 예민해진다. 이는 자극에 대한 반응이나 감각이 과하게 날카로워지는 상태를 의미한다. 추가로 평소에는 아무렇지 않았던 상황에 대해서도 스트레스를 받기 쉽다. 주변이 지저분하고, 정리되어 있지 않은 현실이 나를 힘들게 하는 것이다. 그런데 여기서 아이러니한 부분이 있다. 주변 상황이 지저분한 것이 일상인 경우, 그것을 치워야 나의 스트레스가 덜어진다는 것을 알아채지 못하는 상황이 생긴다. 즉, 무언가 이유 없이 나를 짜증 나게 하는데, 그 원인을 알 수 없는 것이다.

이런 현상을 해결하기 위해서는 두 가지 방법이 있다. 하나는 그 공간에서 벗어나는 것이다. 사람들이 훌쩍 여행을 가거나 평소에 익숙하지 않은 장소에 가서 시간을 보내는 것, 자연으로 들어가서 고민거리를 잊는 행동들이 이에 속한다. 하지만 장사를 하는 우리는 그럴 수가 없다. 좋든 싫든 이 시간을 이 공간에서 버텨내야 한다. 그럴 때 우리가 할 수 있는 것은 바로 청소를 깔끔하게 하는 것이다.

왜 청소를 하는 것이 도움이 될까? 두 가지 측면에서 바라볼 수 있다. 첫 번째는 집중력 관리 측면이다. 모두가 음식 장사를 하는 데 있어서 체력이 중요하다는 것에 동의한다. 그리고 체력이 필요한 이유는 힘이 들 때도 집중력을 유지하기 위함이다. 즉, 장사를 지속해서 이끌어가기 위해서는 집중력을 유지하는 것이 가장 중요하다. 이때, 주변이 정리되어 있지 않고 산만하면 자연스럽게 집중력을 잃게 된다. 사람의 뇌는 멀티태스킹을 잘할 수 없는 특징을 가지고 있으므로, 한 번에 여러 가지 일을 하게 되면 쉽게 피로해진다. 그리고 시각을 통해 산만한 주변 상황이 뇌를 자극하게 되면 역시나 멀티태스킹으로 인식하여 집중력을 잃

어버릴 수밖에 없다.

두 번째, 일이 잘 안 풀리고 힘들어서 자꾸만 작아지고 있을 때는 작은 성취들이 다수 필요하다. 내가 해내고 있다는 감정이 반복해서 쌓여야만 사람은 다시 도전할 힘을 얻는다. 그리고 청소라는 것은 외부의 도움이나 방해 없이 오롯이 자신이 해낼 수 있는 성취가 되어준다. 깔끔하게 정리된 가게를 돌아보면서 다시 힘내서 장사할 힘이 생기게 되는 셈이다.

그리고 가게의 청결 상태가 매출에 영향을 주는 경우도 많다. 특히 홀이나 주방이 아니라고 해도, 전등 갓이라든지 아니면 화장실이 지저분할 경우는 매출에 치명적인 악영향을 미친다. 특히나 여성분들이 민감한 경우가 더 많은 것으로 보이며, 불결한 가게로 인식될 경우 그 여성분은 주변 사람들이 그 가게를 가려고 하면 가지 말라고 뜯어말리는 상황이 벌어진다. 아군이 늘어나도 모자랄 마당에 되레 적군만 늘어나는 셈이다.

실제로 현장에서도 이런 현실을 많이 반영한 가게들이 늘어나고 있다. 최근에는 많이 개선되어 그런 경우가 잘 없지만, 한국 내에서 중식당의 위생에 대한 불만이 많았던 적이 있다. 여러 시사 프로그램에서도 소개될 정도로 다루어지다 보니 사람들의 관심도도 매우 높아졌다. 그래서 그 이후 많은 중식당이 오픈 키친을 적용해서 조리 과정을 고객들이 볼 수 있게 하는 방식으로 청결도에 대한 신뢰를 얻으려는 경우가 많이 생기기도 했다.

그리고 코로나를 겪으면서 고객들의 위생에 대한 눈높이가 엄청나게 높아졌다. 위생이 곧 안전과 직결된 문제가 되었기 때문이다. 개인의 위생관리 측면에서 찌개나 전골에 개인 숟가락을 집어넣는 행위나 술잔을 돌리는 문화는 거의 찾아보기 힘들고, 카페에서 주문을 받을 때도 사회적 거리 두기를 하는 것이 당연시되었다.

또한, 일부 가게에서는 가게의 좌석을 일부 사용 중지하면서까지 거리 두기를 적용했다. 입구를 지날 때 체온을 확인하고 이상이 없어야만 자리로 안내했고, 착석하자마자 손 세척 젤을 통해서 손을 닦게 하는 상황도 발생했다. 이렇게 청결하지 않으면 위험하다는 경험을 하면서 위생에 대한 눈높이가 대단히 높아졌다. 그 결과, 이제는 음식이 맛있다고 해도 청결하지 않은 느낌을 받는다면 고객들은 찾지 않는 상황이 벌어지고 있다.

그러한 고객의 눈높이에 맞춰서 음식점들도 많이 변화하고 있다. 어떤 음식점에서는 공기청정기를 설치해서 고객에게 어필하는 곳도 있고, 미세먼지의 정도를 표시하는 모니터를 도입한 곳이 생겨나기도 했다.

특히, 2017년 이후 우리나라도 식품의약안전처 주관으로 음식점 위생 등급제를 시행하고 있다. 음식점의 위생등급을 3개(매우 우수, 우수, 좋음)로 나누며, 많은 음식점이 자기 가게의 위생등급을 전문기관에 의뢰하여 점검하고 고객에게 홍보수단으로 활용 중이다.

　이제는 가게가 청결한 것은 선택사항에 해당하지 않는다. 살아남기 위한 필수 항목이 된 셈이다. 더럽거나 위생적으로 나에게 해를 끼칠만한 요소가 있는 음식점은 고객에게 외면을 받을 것이다. 따라서 위생과 안전의 중요성에 대해서 놓쳐서는 안 된다.

# 2

음식점 마케팅, 기본부터 탄탄하게

2 음식점 마케팅, 기본부터 탄탄하게

앞선 장에서 살아남는 것에 관해 이야기했습니다. 여러 가지 이야기가 마음에 와닿은 분들도 있을 테고, 그렇지 않은 분들도 있을 겁니다. 결국, 책을 펴면서부터 마케팅에 관한 이야기를 궁금해하시는 분들이 있으실 테니까요. 하지만 앞서 드린 이야기들을 꼭 한 번은 돌아보시길 바랍니다. 준비되지 않은 가게는 손님을 아무리 모아와도 담아낼 수 없다는 것은 절대 잊으시면 안 됩니다.

이번 장에서는 기본이 갖춰진 가게를 단단하게 만드는 데 필요한 것들을 알려드리려 합니다. 도움이 되시길 바랍니다.

1. 마케팅을 왜 하는지 알고 하시나요?

"내가 음식만 맛있게 만들면 다 될 줄 알았습니다. 시간이 걸려도 결국 언젠가는 사람들이 알아줄 거로 생각했어요. 하지만 생각만큼 잘되지 않더라고요. 저는 마케팅에 대해서는 아는 게 없기도 하지만, 굳이 그런 걸 해야 하는지도 크게 고민하지 않았습니다. 맛있으면 결국 손님들이 늘어날 거로 생각했어요."

답답한 순간이다. 앞 장에서 살아남기 위해서 가장 중요한 것이 음식의 맛이라고 누누이 강조했다. 하지만 음식의 맛이 좋은 것은 기본 조건이지, 그것만으로 가게가 성공한다고 한 적은 없다. 음식의 맛은 필요조건이지 충분조건은 되지 못한다. 가게의 성공을 위해서는 음식의 맛뿐만 아니라 신경 써야 할 부분이 너무나도 많다. 그리고 그중에서도 마케팅이 차지하는 비중은 너무나도 크다.

빈 종이에 굵은 선을 세로로 그려보자. 그 선의 왼쪽은 내부 시스템을, 오른쪽은 외부 시스템을 의미한다. 내부 시스템은 가게 내의 일이다. 음식 만들기, 인력 관리, 자재관리, 청소, 고객 응대 등 흔히 당신이 가게에서 일하면서 신경을 가장 많이 쓰는 것들이다. 그 일들을 잘하기 위해서 당신이 어떤 방법을 사용하거나, 아니면 매뉴얼처럼 정해진 규칙 같은 것들이 있을 것이다.

그렇다면 이번에는 그 선의 오른쪽을 생각해보자. 가게의 외부의 일, 바로 마케팅이다. 손님이 우리 가게를 찾아오도록 지금 적용하는 방안들이다. 과연 이 빈칸에는 무엇을 써넣을 수 있는가? 내부와 외부로 봤을 때 종이의 반쪽, 그러니까 절반은 마케팅인 셈이다. 그 자리에 별반 적을 수 있는 게 없다면 당신의 가게는 성공하기는 어렵다. 살아남을 수는 있겠지만, 성공하는 것은 다른 이야기라는 뜻이다. 그만큼 마케팅은 중요하다.

일반 직장 생활에서도 마찬가지이다. 중소기업이든 대기업이든, 연구직이든 생산직이든 결국 영업과 밀접한 관계를 맺는다. 온전히 생산만 담당하는 사람이라고 해서 영업 또는 마케팅과 동떨어져 있다고 생각해서는 안 된다. 예를 들어 한 회사의 생산 담당 임원은 판매와는 무관한가? 절대 그렇지 않다. 팔리지 않아서 재고가 쌓이기 시작하면 생산 담당 임원이 더 빨리 잘려나간다. 오히려 영업직이 끝까지 살아남을 가능성이 크다. 팔아서 매출을 올려야 회사가 살기 때문이다. 직장인이 오래 살아남기 위해서는 마케팅은 살아남기 위한 역량에 해당한다.

일반 회사들도 이런 상황에서 당신의 가게는 어떨까? 아무리 제품이 좋아도 영업이 제대로 되지 않는 회사가 살아남을 수 없다면, 당신 혼자서 이끌어가는 가게는 더욱 더 마케팅에 큰 영향을 받을 것이다.

음식점 장사를 한다면 '백종원의 골목시장'이라는 TV 프로그램을 본 적이 있을 것이다. 거기 나온 후 전국적으로 유명해진 돈가스 음식점이 있다. 포방터 시장에서 작게 장사를 하던 그 가게는 온종일 사람들을 줄 세우고, 건너편 빈 가게까지 빌려 가면서 대기자들이 기다릴 공간을 만들 만큼 대박이 났다. 그 이후 대기자들의 소음 문제 등으로 지속해서 어려움을 겪게 되자 아예 제주도로 자리를 옮겨서 승승장구하고 있다. 높은 가성비의 훌륭한 돈가스를 장인 정신으로 무장한 사장님이 만들어내고, 묵묵하고 꾸준히 가게를 돌보는 부인이 등장해서 수많은 사람의 응원을 받으면서 성장했고, 이제는 가게뿐 아니라 볼카츠 체인점까지 낸 상황이다.

그 가게가 성공한 원인이 음식이 맛있기 때문일까? 단순히 그 이유라면 왜 포방터 시장에서 망하기 직전까지 가게가 어려워졌을까? TV에 등장하는 마케팅 호재가 있지 않았다면 과연 살아남을 수 있었을까? 물론 TV에 등장했기 때문에, 그것도 백종원 대표가 이끌어주면서 칭찬을 아끼지 않았기 때문에 자동으로 마케팅이 되어 성장했다고 생각할 수도 있다. 나도 누가 그렇게 해주면 성공할 수 있다고 억울해할 수도 있다. 하지만 그런 기회가 없는 것을 안타깝게 여길 것이 아니라 지금 당장 할 수 있는, 우리 가게에 도움이 될 수 있는 마케팅 방법을 찾아서 적용해야 하지 않을까? 감나무에서 감이 떨어질 것을 기다릴 것이 아니라, 감을 떨어뜨릴 수 있는 긴 나뭇가지를 찾거나 하다못해 감나무 몸통이라도 잡고 흔들려고 해봐야 한다는 이야기다.

물론 당신이 만드는 음식이 세상에 유일하고 누구도 흉내 낼 수 없는 맛을 가졌다면 상관이 없을 수도 있다. 그렇지만 현실은 그렇지 않다.

아무리 독특한 음식을 만들어낸다고는 해도 당신도 결국 예상 가능한 재료와 소스의 조합으로 음식을 만들 것이다. 행여나 정말 독보적인 음식을 만든다 해도, 누군가는 맛을 보고 비슷하게 그 음식을 만들 수 있다. 따라서 단순히 음식만 가지고 현실에서 성공하기 어렵다. 살아남는 것을 넘어서 잘 되는 가게로 성장해 나가기 위해서는 분명히 마케팅이 필요하다.

그렇다고 해서 당장 큰 돈을 들이거나 거창한 무엇을 시작하라는 것은 아니다. 단지, 가게를 운영하는 절반은 마케팅이라는 것을 이해하고 관심을 가져야 한다는 이야기다. '나는 마케팅을 할 돈이 없다', '마케팅 회사들은 어차피 사기꾼이니 믿을 수 없다'처럼 하지 못할 핑계만 찾으면 끝이 없다. 그럴 핑계를 댈 시간이 있다면 돈 들지 않고 할 수 있는 마케팅 방법을 찾아보고, 믿을 수 있는 사람을 통해서 마케팅 회사에 속지 않고 의뢰할 방법을 찾아보는 것이 현명하다.

그리고 결국은 마케팅 업체를 찾기 위해 주변의 지인 사장님들에게 소개받는 것이 대부분이다. 이때 본인에게 업체를 소개해주는 분을 잘 살펴보자. 분명히 광고를 많이 해왔기 때문에 마케팅에 대한 기본 지식도 있을 뿐만 아니라, 여러 업체의 견적서를 가지고 경쟁입찰을 하면서 좋은 업체를 찾으려 애쓰는 것을 볼 수 있을 것이다. 즉, 좋은 마케팅 업체를 찾기 위해서는 필수적으로 스스로 노력해야 한다.

마케팅에는 정답이 없다. 시장이 지속해서 바뀌니 항상 변화하기 마련이다. 예를 들어 코로나로 인해 모두가 어려웠던 시절에도, 발 빠르게 배달 판매를 도입한 업체들은 슬기롭게 버텨낸 가게들도 많다. 다들 힘들다고 했지만, 시장에 지속적인 관심을 가지고 접근한 사람들에게는 기회가 있었다. 실제로 그 시기에 만난 고객 중에는 매출 비중이 홀 100%에서 전체 규모는 줄었지만 홀 50%, 배달 50%로 변화된 곳들이 많다. 또한, 자신들의 주요 메뉴를 밀키트로 만들어서 판매에 나선 사람 중에도 큰 성공을 거둔 경우들도 있다. 그리고 그런 가게들은 코로나가 잠잠해지고 난 이후에는 홀 손님 비중이 많이 회복하면서 전체 매출의 증가로 이어지기도 했다. 코로나가 찾아왔을 때, 빨리 끝나기를 기다렸던 사람들보다는 시장에 관심을 가지고 발 빠르게 마케팅을 한 덕분이다.

마케팅, 어렵고 불편한 대상이다. 잘하기도 어렵고, 해도 효과가 있는 건지 알기 어려울 때도 많다. 하지만 손을 놓으면 안 된다. 이 가게가 살아남으려면, 그리고 그로 인해 나와 내 가족의 삶을 더 나은 곳으로 이끌어가려면 반드시 관심을 이어가길 바란다.

2. 질문이 틀리면 답이 산으로 간다

박찬욱 감독의 영화 '올드보이'를 보면, 유지태와 최민식이 만났을 때 아래와 같은 대화를 나누는 장면이 나온다.

"도대체 왜 나를 15년 동안 가둔 거야!"

"당신은 늘 틀린 질문을 하니까 틀린 답을 찾을 수밖에 없는 거야. 왜 내가 당신을 15년 동안 가뒀냐고 물을 게 아니라, 내가 15년 만에 당신을 왜 풀어줬을까를 질문해야지."

이 책에는 질문이 많다. 그 이유는 간단하다. 질문에 힘이 있기 때문이다. 질문을 들은 사람은 본능적으로 답을 찾기 위해 애쓰게 된다. 인류는 진화의 과정에서 서로에게 주어진 질문에 적당한 답을 찾아야 했다. '저 사자 무리를 어떻게 쫓아내야 하지?', '저 매머드를 잡기 위해서 우리는 어떻게 해야 하지?'와 같은 질문과 그에 대한 답이 살아남기 위한 가장 중요한 문제였기 때문이다.

질문의 또 다른 장점은 방향성을 제시한다는 것이다. 올바른 질문은 답하는 사람의 사고를 한 방향으로 정렬시킨다. 다양한 답을 찾기 위해 질문이 이어질 때, 생각이 급격하게 확장되면서 두뇌활동이 최고조에 이른다. 또한, 질문을 통해서 알게 된 것이 오랫동안 기억에 남게 된다. 그래서 제대로 된 질문을 찾는 것이 질문의 답을 찾는 것보다 훨씬 더 중요하다.

예를 들어, 당신이 지금 삼겹살과 돼지갈비를 주로 파는 음식점을 하고 있다. 그런 당신에게 '내가 원하는 고객은 누구입니까?'라는 질문을 한다면 어떤 대답을 할까? 그 질문으로 인해 당신의 머릿속에서는 내가 만든 음식을 맛있게 먹을 수 있는 사람을 떠올릴 것이고, 기왕이면 많은 사람이 당신의 음식을 좋아하길 바라는 마음도 더해서 답하게 될 것이다. 그 결과, '삼겹살과 돼지갈비를 좋아하는 모든 사람들'이라는 답변이 나오게 될 수 있다.

물론 그 답이 틀린 답은 아니다. 다만 이 경우에 당신의 가게는 고기를 좋아하는 가족 단위 모임도 오고, 회식하려는 직장인들도 오고, 혈기 왕성한 젊은이들도 찾아오는 가게가 되어야 한다. 세 가지 형태의 고객층이 모두 좋아하는 고깃집을 과연 만들 수 있을까? 가끔 그런 가게도 있겠지만 내가 지금 운영하는 가게가 그런 행운을 맞이하기는 어렵다. 즉, 이 질문은 처음부터 어떤 방향성도 제시하지 않았기 때문에 모호한 대답을 얻어낸 상황이다.

너무 뻔한 질문이어서 아무도 그렇게 하지 않는다고 생각할 수도 있다. 음식점을 운영하는 사람 중 누가 저런 식으로 생각하겠냐고 말한다. 하지만 유사한 일은 비일비재하다. 단골손님의 한마디에 메뉴가 한두 개 추가되다가 어느 날 보면 온갖 음식을 다 파는 가게가 되는 일이 많다. 이 역시도 내가 원하는 고객이 누구인지 불명확한 상태에서 발생하는 문제이다. 어떤가? 당신의 가게도 비슷한 문제를 겪고 있지 않은가?

그렇다면 '내가 원하는 고객이 누구인가?'라는 질문을 이렇게 바꿔보자.

'내가 가장 원하는 고객의 나이와 생김새, 성별까지 콕 집어서 말하면 어떤 사람인가?'

어떤가? 이전과는 매우 다르지 않은가? 가게 문을 열고 들어오는 손님 중에 당신이 가장 반길만한 사람이 어떤 사람인가? 그 모습을 떠올리고 그 사람의 동선과 시선에 따라 가게를 만들어야 한다. 그 사람들이 오고 싶어 할 만한 이유가 존재해야 한다는 것이다.

42세 대기업 김 차장(남성), 맞벌이를 하고 아이는 하나다. 보통 팀원들과 회식을 자주 하는 편이지만 가끔 오랜 친구들과도 어울려서 소주 한잔하는 것을 즐긴다. 이 사람을 단골로 만드는 것이 목표라면 가게는 일단 조명이 조금 어두워야 한다. 술을 즐기는 사람들은 밝은 조명에서 마시는 것을 그리 좋아하지 않는 경우가 많기 때문이다. 또한, 옷에 고기 냄새가 많이 배지 않도록 의자 뚜껑을 열면 옷을 넣을 수 있는 형태로 의자를 준비하고, 여의치 않다면 큰 비닐봉지에 옷과 가방을 담을 수 있게 해주면 좋겠다. 안주가 다채로울 필요는 없겠지만 술국을 따로 개발해서 안주 삼아 먹을 수 있으면 좋겠다. 또한, 같은 고기라고 해도 식감이 많이 다른 돼지껍데기를 추가해서 안주 삼아 계속 구워 먹을 수 있다면 매출에 도움이 될 가능성이 크다.

27세 사회생활 3년 차 한 주임(여성), 아직 싱글이고 주로 동성 친구들과 수다를 나눌 목적으로 고깃집을 자주 찾는다. 여성분이 주요 고객이 되고자 한다면 SNS에 올릴 사진을 많이 찍을 수 있도록 해야 한다. 그렇다면 제공하는 고기의 플레이팅이나 쌈 채소, 밑반찬 등이 담긴 그릇도 중요하다. 또한, 연통이 테이블 아래에 있도록 해서 연기가 굽는 즉시 아래로 빠져서 고기 냄새가 최소화되는 방안을 고려해야 한다. 가능하다면 옷이나 가방을 둘만 한 조그마한 공간을 마련해서 보관할 수 있도록 하는 것이 유리할 것이다. 그러한 작은 차이가 이 사람들이 다시 찾아올 수 있는 이유가 될 테니까 말이다.

가족들이 단체로 와서 식사하는 모임이나 혈기왕성한 청년들이 자주 오길 바란다면, 밝은 이미지의 고기 뷔페의 형식으로 만들어보는 것도 도움이 될 것이다. 일단 부모들이 아이들을 데리고 오거나 젊은 청년들이 온다면, 신경 쓰지 않고 양껏 먹을 수 있는 환경을 더 좋아할 것이기 때문이다.

이처럼, 어떻게 질문을 하느냐에 따라 생각의 방향과 답변이 판이하다. 그 이유는 간단하다. 질문이란 '현상'과 '목표'를 연결하는 다리이기 때문이다. 즉, 목표를 명확하게 잡을 수 있도록 질문을 던져야 한다.

현재 당신의 가게에는 어떤 손님이 오길 바라는가? 최대한 구체적으로 떠올려보라. 그리고 그 사람의 입장이 되어서 가게를 처음 온 것처럼 경험해보라. 그리고 어떻게 가게를 개선해 나갈지 그 방향을 잡아야 한다.

3. 문제와 문제점을 명확하게 파악하기

"무엇이 문제인가요?"

미팅할 때 가끔 이렇게 모호한 질문을 던질 때가 있다. 그리고 음식점 사장님들이 대답을 들어보면, 이분이 얼마나 준비가 되어 있는지 또는 현재 상황에 대해서 이해할 수 있을 때가 많다. 그렇다면 가장 많이 듣는 대답은 무엇일까? 바로 '돈이 안 돼요' 내지는 '손님이 없어요' 이다.

두 대답이 비슷한 듯 다르다. 손님이 없다는 이야기는 말 그대로 매출이 작다는 이야기이다. 하지만 돈이 안 된다는 말에는 다른 의미가 있을 수도 있다. 손님이 없는 건 아닌데 돈이 벌리지는 않는다는 표현일 가능성이다. 이때는 그 말의 의미를 명확히 다시 물어봐야 한다. 매출이 작은 건지, 아니면 매출이 작지는 않은데 돈이 안 벌리는 것인지.

질문을 이어가 보자. '그러면 왜 손님이 없을까요?' 하고 물어본다. 그러면 그 뒤로 천차만별의 대답이 나온다. '그걸 알면 굳이 사장님 회사에 연락했을까요?', '그러게요. 맛이 없는 걸까요.', '마케팅을 하면 되지 않을까요?', '상권이 별로인 것 같아요.', '상권은 좋은 줄 알았는데 이 골목만 유난히 안 좋네요.', '경쟁 가게가 너무 많네요.', '이 동네 사람들은 돈가스를 안 좋아하나 봐요.', '그냥 제가 하는 일이 다 그러네요.' 등등.

그럼 곧바로 다음 질문으로 넘어간다. '그럼 매출이 얼마면 되나요?' 라고 물으면 각각의 사정에 맞게 답이 나온다. 월세, 직원 숫자, 원가, 거기에 자기 목표 수익이 더한 결과물이다. 혹시 손님이 없는 것은 아닌데 돈이 안 되는 상황, 즉 매출이 낮은 편이 아닌데 수익이 적다면 원가가 너무 높은 경우일 가능성이 크다. 고객에게 퍼주는 가게이니 망하지는 않을 수 있겠지만, 결국 돈은 벌지 못하고 몇 년 버티다가 가게를 접을 가능성이 크다.

자 이제부터 본격적으로 이 상황을 분석해보자. 우선 내 매장 주변에 있는 가게들이 최소한 어느 정도의 매출을 올리고 있는지에 대한 조사가 필요하다. 다른 업종, 유사 업종에 구애받지 말고 최대한 많은 자료를 확보할수록 좋다. 이는 곧 그 상권에 대한 평균 매출을 파악할 수 있게 해주기 때문이다. 여기까지 파악이 된 이후에야 내가 얼마 정도의 매출을 목표로 하는 것이 적당한지 추론해 볼 수 있다.

문제를 파악했다면 이제 문제점을 명확히 해야 한다. 문제점을 정확하게 찾아내는 것이 해결방안을 마련하는 것보다 더 중요하다. 해결방안은 다른 사람을 통해서 마련할 수도 있지만, 문제점을 파악해내는 것은 다른 누구에게 기댈 수 없는 문제이기 때문이다. 경험이 많은 컨설턴트들이 대부분 가게에서 발생하는 문제점들을 짚어줄 수는 있겠지만,

현재 이 가게의 특성을 함께 고려한 문제점을 명확히 짚어내는 것은 오 롯이 당신의 몫이다.

 문제가 많아서 어려울 수도 있지만, 문제는 하나여도 문제점은 여러 가지일 수도 있다. 당장 매출이 2천만 원 부족한 것이 문제라면, 왜 그 문제가 발생했는지에 대한 원인은 여러 가지일 수도 있다는 이야기다. 또한, 원가를 줄이면 매출 부족분이 2천만 원이 아니라 줄어들 가능성 도 있다. 이렇듯 우선 해야 할 일은 최대한 문제와 문제점을 명확하게 만드는 일이다. 그리고 이때 '해결할 수 있는' 문제점과 '해결할 수 없 는' 문제점을 구분하는 것이 매우 중요하다. 가뜩이나 시간과 돈이 부족 한 상황에서 '해결할 수 없는' 문제까지 신경 쓸 필요는 없기 때문이다.

 그 후 명확한 '해결할 수 있는' 문제점에 대한 해결방안을 기획하고, 그 기획에 따라 계획을 수립하여 실행해야 한다. 기획과 계획은 각각 전 쟁의 전략과 전술이 된다. 즉, 기획은 '구체적인 목표 + 현실 수행 가능 한 계획'으로 이해하면 무리가 없다.

 그런 관점에서 다시 '그러면 왜 손님이 없을까요?'에 대한 사장님들 의 답을 주의 깊게 살펴봐야 한다. 현재의 문제를 어떤 관점에서 인식하 고, 문제점을 도출하고 있는지를 보여주기 때문이다. 이 단계에서 자기 가게에 대한 현상을 다시 한번 명확하게 이해할 수 있는 장점도 있다.

 일단 상권이나 경쟁 가게를 문제 삼는다면, 당장 가게를 옮기거나 할 수 없는 현실에서는 해결할 수 없는 문제점을 고민하는 상황이다. 이는 제대로 된 문제점을 도출하지 못한 것과 다름없다. 이런 고민은 빨리 지워야 한다. 내가 컨트롤 할 수 있는 다른 문제점들을 찾아내야 한다. 그래야만 앞으로 나아갈 수 있는 해결방안들이 만들어질 수 있기 때문이다.

그러나 맛이 없다거나, 이 동네 사람들이 돈가스를 좋아하지 않는다는 것이 문제점인 경우는 다르다. 해결할 수 있고, 해결해야 하는 문제에 해당한다. 우선 음식의 맛과 관련하여서는 자기가 만드는 음식을 주기적으로 먹어보면서 어떤 맛인지, 예전과 바뀐 것은 없는지 꼼꼼히 체크해야 한다. 물론 항상 같은 음식을 만들다 보면 그 음식을 먹고 싶지 않은 마음이 드는 것은 이해한다. 하지만 이것은 일종의 품질 유지에 해당하는, 반드시 해야 하는 업무이다. 좋고 싫은 문제가 아니다.

그리고 주변 사람들이 돈가스를 소비하지 않는다는 고민을 한다면, 판매처를 넓히는 방안으로 매출 상승시키는 방안도 고려해야 한다. 예를 들면 주변에 술집들에 돈가스 안주가 있을 테니, 그 가게에 문의해서 돈가스 제품보다는 당신이 만든 수제 돈가스가 훨씬 맛있는 제품임을 보여주고 납품을 할 수도 있다. 즉, 해결할 수 없는 문제가 아니라는 것이다.

다시 한번 강조하자면, 이 모든 실타래는 시작할 때의 기준점을 단단히 잡아야 한다. 즉, 올바른 질문으로 문제를 파악하는 것이 가장 중요하다. 그 후 목표와 현실의 차이에서 문제를 찾고, 그중에서 해결할 수 있는 문제점을 도출한 후 그 문제점을 어떻게 해결해내서 우리가 도달할 목적지에 도달할 수 있는가를 찾아야 한다.

마지막으로, '그걸 알면 내가 사장님한테 연락했겠어요?'라고 대답하는 분들, 또는 그렇게 답하고 싶은 분들에게는 이렇게 이야기하고 싶다.

"아마도 지금 눈앞의 현실이 처음 가게를 시작할 때의 생각과는 전혀 다르다 보니 화가 많이 나신 것 같습니다. 도대체 나한테는 왜 이렇게 힘든 일들이 벌어지는 것인지 묻고 싶으시겠죠. 그러면 저는 반대로 이렇게 여쭤보고 싶습니다.

왜 이런 일들이 나에게 일어나면 안 되는 건가요? 남들에게는 일어나도 되지만, 나는 안 되는 특별한 이유라도 있나요?

만약 특별한 이유가 없다면, 내가 좋아서 시작했든 아니면 누군가로 인해 시작하게 되었건, 이 상황에 대한 책임은 다른 사람은 아무도 대신해 주지 않습니다. 화가 나신 상황을 오히려 연료 삼아서 이 상황을 타개하겠다는 열정을 일으켜 보시죠. 이 상황을 타개하기 위해서는 어떻게든 더 나아지겠다는 사장님의 의지가 더해져야 합니다. 그렇게 마음먹고 하신다면 저희도 최대한 열심히 도움이 될 수 있도록 하겠습니다."

결국, 이 상황에 모든 책임은 나에게 있다. 피할 수 있는 명제가 아니다.

4. 메뉴판은 최전선의 홍보 무기

앞서서 음식점 사장님들이 생각하는 자기 가게의 문제와 문제점들을 가지고 이야기했다면, 이번에는 외부의 시각으로 생각해보자. 즉, 철저하게 손님이 되어서 가게를 돌아보자는 이야기이다. 음식점 사장님들은 요식업의 한복판에 있지만, 의외로 손님의 입장을 머릿속으로 그리는 것을 어려워한다. 그 이유는 무엇일까? 슬프고 안타깝지만, 자기 가게에만 갇혀있는 상황이 벌어지기 때문이다.

사장님 대부분은 다른 가게는 어떻게 만들어 파는지, 주변에 잘나가는 가게는 어떻게 하는지, 이런 것을 보고 생각할 시간이 거의 없다. 일찍부터 밤늦게까지 가게에만 매달려 있다 보니 시야에 들어와 있는 것이 집과 가게뿐이다. 이렇게 시야가 갇히면 사고가 갇힌다. 가장 안타까운 상황이다. 어떻게든 잘 해내려고 가게에 모든 것을 쏟아붓다가 우물 안 개구리가 되어서 가게가 기울어가는 사태가 벌어지는 셈이다. 그러니 이 글을 읽은 사장님들이라면, 새로운 배움을 이어가는 마음으로 최소 주 1회 정도는 외부의 유명한 음식점들을 다니시길 권한다. 배부른 소리라고, 시간 없다고 이야기하겠지만 시간을 만들어서라도 반드시 해야 할 일이다.

자 그럼 이제 본 이야기로 돌아와서 우리가 마주한 현실을 보자. 가게를 개점한 이후 경제가 좋아서 기분 좋게 돈 쓰러 오는 고객들이 얼마나 있었나? 아마도 많지 않을 것이다. 그 외의 대부분은 사는 이야기 늘어놓으면서 스트레스를 풀기 위해 다른 사람을 만나고 함께 밥과 술을 먹는다. 주식이 어떻게 될지, 불경기는 대체 언제 끝나는지, 너희 애들은 어떻게 크고 있는지 등등. 우리는 이야기를 듣고 나누면서 마음에 쌓인 답답함을 덜어낸다.

물론 기분 좋게 들어온 사람들도 있다. 오랫동안 애써온 프로젝트가 성사되었거나, 아이가 원하는 대학에 붙었거나 등등. 정말 좋은 일이 있어서 한턱내겠다는 즐거운 마음으로 가게 문을 열고 들어온다.

스트레스를 풀러 왔건, 아니면 기분 좋게 방문했건 그 사람들이 가게에 들어오면서 느끼고 싶은 제일 앞선 감정은 무엇일까? 바로 해방감이다. 이 순간만큼은 귀찮은 일에 신경 쓰지 않으며 즐겁게 지내고 싶어 한다. 방해받지 않고 오롯이 자기 사람들과의 시간을 보내야 하기 때문이다.

이런 해방감을 느끼기 전에 마지막으로 신경을 써야 하는 것, 바로 주문이다. 그리고 고객 대부분은 시간을 들여서 느긋하게 메뉴판을 읽으려 하지 않는다. 높은 확률로 사장님이나 직원이 메뉴에 관해 설명을 하더라도 제대로 들어주지 않을 가능성이 크다. 경험에 비추어보자. '메뉴 좀 설명해주세요' 하는 고객과 '여기서 뭐가 제일 맛있어요?', 내지는 '우리 뭐 먹으면 돼요?' 하고 묻는 고객 중 어떤 유형이 더 많은가?

그러니 메뉴판 자체로써 가게를 홍보할 수 있어야 한다. 그러니 고객이 한참을 읽어야 이해할 수 있는 메뉴판은 금방 질린다. 이는 곧 가게의 매력이 떨어지는 요인이기도 하다. 주인 측면에서 보기에는 별 차이가 아닐 거로 생각할 수도 있다. 아니면, 자기 가게에 대한 애착 때문에 다른 사람들도 나만큼 애착을 두고 이 가게를 바라볼 것으로 착각할 수 있다. 이렇게 되면 길게 설명을 늘어놓은 메뉴판이 사람들에게 도움이 될 것이라는 착각이 발생하는 것이다.

다시 한번 강조하지만, 긴 설명이 되어 있는 메뉴는 당장 없애야 한다. 그리고 큼직큼직한 사진들로 채워서 한눈에 들어오도록 바꿔야 한다. 그래서 고객들이 메뉴를 보고 자신이 먹고 싶은 음식을 시키는 순간 머릿속으로 그 맛을 상상할 수 있도록 해야 한다.

그 과정에서 당신 가게의 메뉴판이 너무 두껍고 무거워진다면, 이는 곧 당신의 가게에는 메뉴가 너무 많다는 것을 의미한다. 동시에 가게를 대표하는 메뉴가 없는 것과 다를 바 없다. 다양하고 화려한 음식을 만들어내는 대규모 중식당이 아니라면, 당신의 가게에서 메뉴가 많은 것은 매출에 도움이 되지 않는다. 살아남는 가게를 만들려면 우선 가게의 '얼굴'이 되는 간판 메뉴가 있고, 그 간판 메뉴가 정말 먹음직스럽게 느껴지는 사진이 맨 앞에 위치해야 한다.

어떻게 사진을 찍고, 어떤 크기로 배치하고, 어떻게 설명 문구를 작성해야 하는지는 사실 쉽지 않은 문제다. 조명과 보정, 색감 등 신경 써야 할 요소가 많다. 알면 알수록 더 고민할 것이 많아지는 일이다 보니, 정말 잘 해내려고 한다면 마케팅 업체의 전문가들이 해야 할 일이다.

단, 당장 전문가의 도움이 없어도 메뉴판에 변화를 주고 싶다면 주변에 익숙한 프랜차이즈 식당을 찾아가면 된다. 프랜차이즈의 메뉴판은 이미 해당 프랜차이즈 본사에서 수없이 고민해서 만들어 둔 성과물이다. 그런 프랜차이즈를 몇 군데 다니면서 메뉴판을 공부해보자. 그리고 왜 이런 구도로 사진을 찍었을까? 왜 이렇게 배치했을까? 그리고 우리 가게 메뉴는 어떻게 하면 이런 형태로 만들 수 있을지를 고민하면 분명히 도움이 된다. 만약 우리 가게 간판 메뉴를 가지고 프랜차이즈를 하는 식당이 있다면 꼭 방문해서 메뉴판을 확인해보도록 하자.

그리고 이번에 메뉴판을 바꾼다면 메뉴에 의미를 부여해보자. 단순히 기능적인 측면만을 반영한 이름 말고, 사람들의 뇌리에 기억될 만한 이름 또는 스토리가 있을 법한 이름이면 좋겠다. 이를 위해서, 식자재, 메뉴의 의미와 스토리, 의성어 등을 활용할 수 있다.

우선 식자재를 활용해서 이름을 붙이는 방법을 생각해보자. 식자재 산지의 이름을 활용해서 고객에게 믿음을 주는 방식이다. 예를 들어 육개장이라면 진도 대파 육개장, 간짜장이라면 무안 양파 간짜장과 같은 형태이다. 이러한 식자재에 대한 믿음직스러운 이미지가 당신의 음식에 대한 믿음으로 이어질 수 있을 것이다. 물론 원가를 고려해야 하니 모든 식자재를 유명 산지에서 가져올 수는 없을 것이다. 하지만 간판 메뉴의 경우에는 충분히 이러한 방식을 적용할 수 있을 것이다.

두 번째로, 메뉴의 의미와 스토리를 부여하는 방식이다. 같은 치킨이라고 해도 '아빠 퇴근길 통닭', '5일장 시장 통닭' 등 추억을 떠올리는 형태의 이름을 부여하는 예도 있다. 또한, 각 지역의 스타일을 반영한 방법도 일반적이다. '서울식 불고기', '인천 차이나 타운식 짜장면'과 같은 방법이 있다. 이름만으로도 전문적인 느낌을 전해주기 좋은 방식이고, 고객에게 궁금증을 일으키기에도 좋다.

마지막으로 의성어를 활용하는 방법도 있다. '오동통 오징어순대', '듬뿍 고기국수' 등과 같이 의성어를 통해 고객의 뇌리에 이미지를 미리 심어둠으로써 본 메뉴의 느낌을 살리는 방법을 직용해서 메뉴를 짓는 방식으로, 위의 두 가지 방법을 적용하기 어려울 때 활용하면 좋겠다.

이름을 짓는다는 것은 그 대상에게 의미를 부여해주는 일이다. 메뉴, 특히 당신의 가게에서 대표가 되는 간판 메뉴라면 그만한 이름을 만들어주어야 한다. 이는 곧 그 음식의 정체성이기도 하며, 기능을 설명하는

데도 좋다. 그리고 정성스럽게 지어진 이름을 가진 음식이 당신의 메뉴판을 채우고 있다면, 고객들에게 더 많은 관심을 받을 수 있을 것이다. 단순히 '오징어순대'를 주문하는 것과 '오동통 오징어순대'를 주문하는 것은 고객으로서도 느낌이 다르다. '퇴근길 통닭'이라는 메뉴는 자연스레 고객들이 옛이야기를 나누는 주제가 되어줄 수도 있다. 또한, 내친김에 집에 돌아가면서 아이들을 주기 위해 한 마리 포장 주문이 발생할 확률도 높아질 것이다.

항상 메뉴판이 최전선의 홍보 무기라는 것을 잊지 말자.

5. 고객은 어리석은 아이와 같다

지방 출장을 갔다가 돌아오는 길, 한 셀프 주유소에 들러서 기름을 넣고 있었다. 절반쯤 기름이 들어갔을 때, 승용차 한 대가 들어오면서 창문을 열더니 어르신 한 분이 난감한 표정으로 주유기를 바라보더니 관리실을 힐끔 쳐다봤다. 그리고 나서 나와 눈이 마주치더니 입을 열었다.

"나는 이거 한 번도 안 해봐서 못하는데…."

애매했다. 나한테 넣어달라는 말씀인가? 아니면 관리인이라도 불러달라는 이야기인가? 약간 당황했을 타이밍에 관리자이신 듯한 분이 나왔다. 그분은 이런 상황이 익숙한 듯 말을 걸었다.

"어르신, 일단 내려보세요. 어렵지 않습니다. 옆에서 가르쳐 드릴게요."

"아유…. 나는 이거 못해. 좀 해주면 안 되나?"

"저희가 직접 주유를 해드리는 건 하지 않게 되어 있어서요. 운전하기보다 훨씬 쉽습니다. 같이 해보시면 어떨까요?"

"아니야, 그럼. 다음에 올게."

아마도 저 어르신은 다시 이 주유소를 오지 않을 가능성이 크다. 그럼 관리인이 잘못한 걸까? 그렇지는 않다. 셀프 주유소의 운영 원칙이 그러니 그 지침을 따라 행동했을 따름이다. 그리고 여기서 우리가 관심을 가져야 하는 건 주유소 관리인이 어떻게 해야 할지가 아니다. 결국, 주유를 못 하고 떠나간 그 어르신, 즉 고객이 바라보는 관점에 관해서 이야기를 나눠보자.

셀프 주유기에서 주유하는 것은 전혀 어렵지 않다. 안내 방송이 나오는 대로 따라가기만 하면 자연스럽게 해낼 수 있다. 해보겠다는 의지만 있으면 가능한 일인 것이다. 하지만 하기 싫다고 생각한 사람들은 어떻게든 안 할 방법을 찾는다. 그 이유가 무엇일까?

모든 사람의 마음속에는 어린아이가 있다. 그리고 그 아이는 평소에는 잘 드러나지 않는다. 그렇다면 우리의 일상에서 그 어린아이가 세상에 가장 잘 드러나는 때는 언제일까? 바로 돈을 내고 서비스를 받을 때다. 그렇다면 그 어린아이가 밖으로 드러나면, 사람들은 어떤 행동을 취하게 될까?

첫 번째, 새로운 것을 시도하는 것을 꺼린다. 일반적으로 어린아이들은 호기심으로 새로운 것을 시도해보기 마련이지만, 서비스를 기다리는 아이는 그렇지 않다. 익숙하지 않은 것을 도전하는 것은 탐탁지 않아 한다. 새로움은 곧 귀찮음이거나 두려움일 때가 많다. 위에서 본 어르신이 그 사례로 보면 되겠다.

그렇다면 이 사례를 당신의 가게를 두고 생각해보자. 당신이 제공하는 음식은 익숙함을 기본으로 해야 한다. 아무리 기상천외한 맛있는 음식이 있다고 해도, 익숙한 음식 옆에 함께 내는 방식으로 사람들에게 알려야 한다. 예를 들면 피자가 처음 한국에 들어왔을 때, 지금과 같은 위상을 가지게 되는 데에는 불고기 피자의 등장이 가장 결정적이었다. 마찬가지로 쌀국수가 자리잡는데에도 결국 고수의 향을 최소화하는 방향을 선택했다. 동남아시아에서는 마치 우리나라의 된장처럼 중요하게 쓰이는 향신료이지만, 사람들이 이 향에 익숙해지는데 많은 시간이 걸렸기 때문이다. 그렇게 익숙해진 다음에는 고수의 향을 즐기는 사람들도 많아졌지만, 초기에는 그 특유의 향에 질색하는 상황이 많이 벌어졌다.

같은 이유로 생소한 러시아 음식이나 중앙아시아 음식만 파는 가게는 호기심 넘치는 젊은이들이 주 고객층인 대학가에서나 시도해 볼 만할 뿐, 일반 상권에서는 성공하기 매우 어렵다. 새로운 맛을 알리는 것도 익숙한 맛을 베이스로 해야 하고, 오랜 시간이 걸린다는 것을 잊어서는 안 된다.

두 번째, 마음에 들지 않는 상황이 벌어지면 급격하게 기분이 가라앉는다. 마치 엄마가 자기편을 들어주지 않을 때 서운해하는 아이처럼, 자기가 기대했던 것과 상황이 달라지면 심하게 불쾌해하는 경우가 많다. 예를 들어 따뜻한 물을 한 잔 달라고 했는데 실수로 찬물을 가져다준다든지, 아니면 자리에서 주문하려는데 사람이 없어서 기다린다든지 하는 경우이다. 특히 다른 서비스업에 비해 음식점 장사는 이런 상황에 대한 고객의 반응이 빈감한 측면도 높지만, 워낙 한국 사람들은 먹는 것에 진심인 사람들이니 감수해야 할 것이다.

이럴 때는, 오히려 고객이 서운해하는 것이 기회라고 생각해야 한다. 아이들을 대할 때에도 서운해하는 아이를 잘 달래주면 이전보다 더 밝아지는 경우가 있는 것처럼, 이럴 때 고객 대응을 잘하면 단골이 되는 경우들이 많다. 돈가스 가게에서 손님이 우스터 소스를 별도로 찾으면, 우리 가게는 직접 만든 소스를 드리기 때문에 없다고 할 것이 아니라 다음에 오시면 드린다고 하고 별도로 조금 준비해두자. 삼겹살을 먹으러 와서 갑자기 고추냉이를 찾더라도 다음에 드릴 수 있도록 준비하겠다고 하고 갖춰두자. 그렇게 되면 자기 의견을 받아들여 줬다는 기분에 오히려 충성 고객이 되어줄 것이다.

세 번째, 아무리 설명해도 듣지 않고 실제로 보여줘야 믿는다. 인간은 무언가를 결정하기 위해 다양한 정보를 수집하는 존재이고, 이 중에서 가장 큰 정보는 시각을 통해 들어온다. 그렇다면, 당신의 가게에 들어오는 고객에게 시각적으로 얼마나 많은 정보를 주고 있는지 고민해야 한다. 고객은 문을 열고 들어오자마자 가게의 조명에 영향을 받고, 테이블의 위생상태를 확인한다. 음식이 나온 다음에도 어떤 형태로 플레이팅이 되어 나왔는지 관심을 가지고, 심지어 만두를 반만 잘라서 안에 들어있는 내용물을 확인하기도 한다. 자신의 결정이 탁월했다는 증거를 찾고 싶어 하기 때문이다.

이런 측면에서 한 가지 팁이 있다. 재료의 원산지를 표기할 때 단순히 '국내산'이라고 표기하지 않아야 한다. 이미 메뉴에 관해 이야기했던 것처럼, 산지를 표기하고 그 옆에 그 산지에서 찍은 사진을 조그맣게 넣는 것이다. 무안에 가서 양파밭에서 농부와 함께 찍은 사진을 올려두고 '무안산'이라고 하면, 당신의 양파는 고객 마음 안에 있는 어린아이를 대만족 시킬 수 있을 것이다. 대관령에 가서 배추를 들고 사진을 찍고,

보은에 가서 대추 사진을 찍어서 원산지 표시판에 넣어주면 좋겠다.

위 내용을 정리해서 생각해보면, 고객은 '어리석은 아이'로 보는 것이 타당하다. 그렇다고 해서 밑도 끝도 없이 그 아이를 챙기려고 들면 당신은 버틸 수 없다. 체력적으로나 정신적으로나 쉽게 한계를 마주하게 될 것이기 때문이다.

그렇다면 우리가 해야 하는 일은 최소한의 에너지가 들어가는 환경을 만들어 두고, 그 이후에도 만약 문제가 발생하면 그 상황에 집중하는 것이다. 어차피 하루 24시간 내내 집중할 에너지를 가진 사람은 없기 때문이다.

고객이 들어와서 어떤 시각적 정보를 얻게 되는지, 얼마나 익숙하게 음식에 접근할 수 있는지를 우선 챙겨야 한다. 그런 측면에서 최대한 고객을 만족시키면, 이미 만족감이 높아진 고객들은 어지간한 상황에 대해서는 문제 삼지 않는다. 다만, 그런데도 고객이 불만을 느끼거나 변화를 요구할 때가 있다. 그 순간이 당신의 가게가 한 단계 성장할 기회를 가져다줄 가능성이 크다는 것을 기억하자.

사람도, 가게도 한순간에 갑자기 만들어지지 않는다. 아무리 튼튼하게 성장하는 기업도 숱한 위기와 어려움을 겪기 마련이다. 그러니 고객이 불만을 표현하는 순간에 답답해하거나 짜증을 내기보다는 성장할 기회로 여길 수 있기를 바란다. 어리석은 아이를 슬기롭게 잘 달래면서 당신도, 당신의 가게도 성공의 길에 접어들 수 있을 것이다.

6. 내가 사장이라면 절대 하지 않을 일들

마케팅 계약을 했다고 해서 단순히 돈을 받고 홍보를 해주면 끝나는 것이 아니다. 어떻게든 이 식당의 매출이 올라갈 수 있도록 최선을 다해 도와야 한다. 그래야 그 가게도 잘되고 더불어 우리도 마케팅 업계에서 좋은 평판을 유지할 수 있다. 물론 이 업계에서 돈 받고 나서 열심히 일하는 척하는 사기꾼들이 많다. 그 사람들은 오로지 돈만 목적이기 때문에 그럴 수 있는지 모르지만, 우리는 제대로 일하고 지속해서 성장해가야 하므로 고객의 성공을 위해 신경을 쓰지 않을 수 없다.

좋은 고객을 새롭게 만나는 것도 기존의 고객이 만족해서 입소문이 나야지만 가능한 일이다. 우리 회사는 초기 설립 이후 고객으로부터 받은 비용 집행 명세를 투명하게 공개하면서 신뢰를 얻었지만, 그보다도 우리 회사를 통한 마케팅이 효과가 있었기 때문에 빠르게 성장할 수 있었다. 아무리 홍보를 잘해도 음식의 맛이 없으면 그 가게가 성공할 수 없듯이, 마케팅 회사는 결국 고객의 매출이 향상되어야 성장할 수 있다.

그러기 위해서 다양한 고민과 제안을 하게 된다. 물론 그 과정에서도 넘지 말아야 할 선이 있다. 우리는 조언을 하는 처지일 뿐 무언가를 강요해서는 안 된다. 우리가 할 수 있는 제안을 하고 그 제안이 받아들여지면 그 방법에 따라 시장에 가게를 노출하는 것까지가 우리가 책임지고 수행할 몫이다.

다만, 많은 고객을 만나고 마케팅을 진행해오면서 내가 이 가게 사장이라면 절대 하지 않을 행동이라고 느끼는 것들이 있다. 가게 사장님에게 당장 이야기하고 싶었지만 하지 않았던 이야기를 이곳에 전하고자 한다.

1) 사진 찍을 용도라고 대충 만드는 요리

온라인 마케팅에 활용할 가장 중요한 도구는 음식 사진이다. 따라서 조명과 각도 등 사진이 잘 나오기 위한 모든 요소를 모든 각도에서 고민한다. 그리고 수많은 촬영을 한 후에 후보정까지 해서 최고의 사진을 뽑아낸다. 아무리 강조해도 지나치지 않다. 고객에게 노출할 수 있는 최고의 무기이기 때문이다.

그래서 우리 회사에서는 고객의 음식 사진을 찍는 날이 되면 관계된 사람들이 다 같이 매장에 방문한다. 다양한 조명과 각도에서 주요 메뉴들의 사진을 찍고, 현장에서 더 나은 각도와 거리를 계속해서 고민한다. 최후의 순간까지, 모두가 최대한 마음에 드는 사진이 나올 때까지 촬영은 이어진다.

그렇게 해서 일단 만족스러운 사진을 얻게 되면 현장을 방문한 모두가 그 음식을 같이 먹는다. 이후에 그 음식을 떠올리면서 홍보 문구나 스토리를 만들려면 응당 그 음식의 맛을 머릿속에서 떠올릴 수 있어야 하기 때문이다.

그러던 중 한 고깃집에서 생긴 일이다. 준비된 재료 사진을 찍고, 다 요리된 상태에서의 사진까지 모두 꼼꼼하게 촬영했다. 그 후 언제나처럼 나와 스태프가 함께 음식을 먹었다.

다음날, 생각지도 못한 문제가 생겼다. 나를 포함해서 그 식당을 다녀온 모든 스태프가 배탈이 나거나 심한 사람은 식중독으로 병원에 가야 했다. 그래서 식당 사장님께 문의해보니 재료 사진을 찍을 때까지는 일반 재료였지만, 마지막 완성된 음식 사진을 찍는데 쓴 음식 재료는 날짜가 지난 고기였다는 것이다. 우리가 사진을 찍는 동안 다른 손님들 응대를 하느라 그 음식을 먹을 거라는 생각을 못 했고, 홀 서빙하던 직원은 그 사실을 모르니 음식을 다 먹었다는 것을 사장님에게 따로 말하지 않은 것이었다.

그 사장님의 대응도 황당했다. 먹어도 되는 음식인지 묻지도 않고 왜 먹었냐고 되려 다그치듯 물었다. 사진 찍을 것이 아니라 먹을 거였으면 멀쩡한 고기로 해서 줬을 거라고 했다. 너무 당당한 나머지 음식을 먹은 우리가 잘못한 것이라고 착각할 만큼 뻔뻔했다.

 이 사진이 얼마나 중요한 것인지 수차례 설명을 했다. 그리고 사장님도 충분히 그 상황을 이해하고 있었다. 그런데 사진용이니 먹지 않을 거라 날짜가 지난 고기로 요리를 했다는 것이 어떻게 당연한 것이 될 수 있는 것일까. 최고의 재료로 요리를 해달라고 부탁을 했는데 단순히 날짜가 지난 고기 버리기가 아까워서 이렇게 했다는 발상 자체가 도무지 이해할 수 없었다.

 내 주방에서 만들어서 나가는 요리를 본 사람은 모두가 나의 고객이다. 내 음식을 만드는 소리를 듣고 냄새를 맡은 사람들도 모두 나의 고객인 것이다. 그런데 어떤 상황이었건 간에, 날짜가 지난 것을 뻔히 알면서 그 재료로 음식을 만드는 사고방식을 가진 사람이라면 음식점을 해서는 안 된다. 음식점 장사를 하는 사람으로써의 기본자세를 지키지 않으면서 어찌 잘 되기를 바라겠는가.

2) 체험단은 고객이 아니라는 생각

 온라인 홍보를 위해 체험단 운영은 필수적이다. 누군가는 이 가게에 대해 평가를 해야 하고, 그 평가가 사람들에게 노출되어 사람들이 궁금증을 가지고 방문할 수 있어야 하기 때문이다. 그리고 이런 상황에서 가장 중요한 것은 진정성 있는 방문 후기이다. 물론 체험단으로 방문하는 분들은 자기 비용을 들이지 않고 오기 때문에 기본적으로는 호의적인 상태에서 찾아오는 경우가 많다.

그런데 가끔 사장님들 중에서는 체험단에 대해서 오해를 하는 분들이 있다. 마치 그분들이 무료로 음식을 먹고 높은 평점을 주도록 약속된 분들처럼 생각하는 것이다. 그래서 체험단에 내어주는 음식을 아깝게 여기거나, 아니면 일부 불친절한 모습을 보이기도 한다.

그럴 뿐만 아니라 만석일 때 체험단이 찾아올 경우, 대기 순서와 관계없이 일반 고객을 먼저 들어오도록 하면서 체험단은 기다리도록 한다든지 아니면 시키는 음식에 제한을 두는 행동, 또는 재고가 많이 남은 음식만 준다든지 하는 상황도 발생한다. 모두 다 체험단은 고객이 아니라는 생각에서 벌어지는 일이다. 그저 가짜 고객이며 매출에 도움이 안 되는 사람들이라는 인식을 하는 상황인 것이다.

하지만 앞서 이야기했듯이, 내 가게에 들어와서 우리 주방에서 나가는 요리를 보거나, 듣거나 냄새를 맡은 모든 사람은 나의 고객이다. 더구나 체험단으로 오신 분들은 오히려 더 잘 대해서 그분들이 자의에 의해서 좋은 후기를 남길 수 있도록 해야 한다. 좋은 글을 써줘야 하는 것이 기본이라고 해도, 자기 마음이 내켜서 쓰는 후기와 그렇지 않은 후기는 분명히 다르기 때문이다.

그리고 무엇보다 냉정한 사실은, 위에 사례를 들었던 가게들의 경우에는 처음에 잠시 사람이 몰릴 수는 있어도 오랜 기간 그 흐름을 이어가지 못했다. 고객에 대한 관점이나 정의가 제대로 갖춰지지 않은 가게였기 때문에 그런 일이 생긴 것이 아닐까 싶다.

음식점 장사를 한다면, 언제 어떤 순간이라도 가게 안에 있는 모든 사람을 고객으로 여겨야 한다. 그것이 가족이든, 체험단이든 상관없다. 그리고 그 고객에게는 언제나 가장 좋은 음식을 내어준다는 마음이 필요하다. 이것이 많은 가게를 다니면서 알게 된 가장 중요한 배움이다.

7. 음식점 마케팅을 한 마디로 설명한다면

일을 하다 보면 음식점 사장님들로부터 다양한 질문을 받는다. 그리고 표현방식은 조금씩 다르지만 가장 자주 마주하는 질문은 다음과 같이 마케팅에 대한 것이다.

"대표님, 대체 마케팅이라는 게 뭡니까? 워낙 마케팅은 이거다 저거다 하는 말은 많은데, 도통 설명이 어려워서 이해하기 어렵습니다. 짧게, 알기 쉽게 설명해주실 수 있을까요?"

어떤 분야나 마찬가지겠지만, 특히 마케팅을 쉽게 설명하는 것은 참 어려운 일이다. 더구나 질문하는 분들은 대부분 관련 지식이 많지 않은 상태다. 따라서 어려운 용어나 전문적인 표현들을 사용하면 오히려 혼란만 더하는 꼴이 되기 십상이다. 그렇다고 해서 차분하고 길게 설명하기도 어렵다. 말을 하는 사람은 듣는 상대방도 당연히 이 정도는 알고 있을 거라는 소위 '지식의 저주'에 걸린 상태이기 때문에, 설명이 길어지면 듣는 사람에게 점점 더 어려워질 수밖에 없다.

초기에는 나도 똑같은 문제를 겪었다. 설명이 길어질수록 상대방이 더 어려워하는 상황이 이어지거나, 용어에 대한 추가 질문들이 계속 생겼다. 그러다가 결국은 듣는 사람이 포기하는 현상이 이어지고는 했다. 제대로 된 설명을 하지 못한 것 같아서 나도 불편했다.

내가 정말 마케팅의 전문가라면 전혀 모르는 사람에게도 한마디 말로 설명할 수 있어야 한다는 생각이 들었다. 어린아이도 알아들을 수 있게 설명할 수 있어야 진정 그 주제를 이해하는 셈일 테니까. 더구나 우리는 마케팅을 하는 사람들이니 고객의 뇌리에 강하게 남을 문구가 필요했다. 한 방에 이해시킬 수 있는 강력한 한마디.

그렇다면 음식점 마케팅을 어떻게 설명할 수 있을까. 음식점 사장님이 마케팅을 통해 얻고 싶어 하는 것에서부터 출발했다. 음식점 마케팅의 목표는 온라인에 우리 가게가 노출이 잘 이루어져서 손님이 더 많이 찾아오게 만드는 것이다. 즉, '손님이 더 많이 찾아오게 하는 모든 방법'

이라고 볼 수 있는 셈이다. 예전에는 전단도 돌리는 방법도 있었지만, 이제는 시대가 완전히 바뀌어서 모든 마케팅은 온라인에서 이루어진다. 그래서 음식점 마케팅은 곧 온라인상에서 어떻게 많이 노출할 수 있는 지를 따진다. 물론 마케팅의 정의에 대해서는 훨씬 더 그럴 듯하고 있어 보이는 표현들이 있지만, 그건 지금 우리에게는 도움이 되지 않는다. 오 히려 뜬구름 잡는 소리에 가까울 따름이다. 온라인에서 고객들이 많이 보고 찾아올 수 있는 모든 방법을 음식점 마케팅으로 볼 수 있을 것 같 았다.

하지만 이 설명으로도 뭔가 부족했다. 마케팅 대행 계약을 하고 프로 젝트가 시작되면 반드시 끝이 나기 마련이고, 이 상황에서 어떤 가게는 마케팅을 하다가 멈춰도 잘 되고 또 어떤 가게는 그렇지 않다. 즉, 단순 히 고객들이 많이 찾아올 방법이라는 말로는 부족하다는 것을 보여준다. 물론 여러 가지 다른 요소들이 복합적으로 작용을 하기 때문이겠지만, 하여튼 전문가로서 한마디로 표현하기에는 부족하다는 생각이 들었다.

이렇듯 수많은 시행착오와 고민을 거친 후, 결국 내 마음에 드는 한 마디를 찾았다. 그것은 바로 "당겨쓰기"이다. "마케팅은 당겨쓰기" 딱 이 표현이 가장 적절한 것 같다.

이유는 이렇다. 음식점 마케팅 그 자체로는 음식점의 어떤 기초 능력 을 향상하지 못한다. 단순히 더 많은 사람에게 알려지게 해줄 따름이다. 당연하겠지만 마케팅을 잘한다고 해서 음식 맛이 좋아질 수는 없다. 또한, 마케팅을 잘한다고 해서 가게의 서비스가 좋아질 리도 없다. 오히려 이전보다 손님이 몰리면 가게의 서비스가 흔들리는 요인이 되지 더 나아지는 데에는 전혀 도움이 되지 못한다.

그래서 마케팅을 잘한다는 것, 특히나 음식점 마케팅을 잘한다는 것은 미래에 올 고객을 지금 오도록 하는 것으로 이해해야 한다. 앞으로 몇 개월간 올 손님들을 한 번에 몰려들 수 있도록 하는 수단이라는 이야기이다. 이렇듯 고객을 당겨쓴다면, 매출도 당겨쓰는 셈이다. 절대 지금의 마케팅이 미래의 매출로 이어지지 않는다.

그 손님들이 다시 오는 것은 마케팅의 영역이 아니다. 그 손님들이 또 다른 누군가를 다시 데리고 오는 것 역시도 마케팅의 영역이 아니다. 이것은 모두 가게의 기본 체력에 달린 문제다. 온 손님들이 음식의 맛에 감동한다거나, 가게의 서비스에 만족하는 상황이 벌어져야만 가능하다. 마케팅은 미래의 어떤 성과도 약속하지 못한다. 다시 말하지만, 그저 미래에 찾아올 사람들을 단기간에 찾아오도록 만드는 도구일 따름이다.

이 글을 읽은 음식점 사장님이라면, 이제 새로운 고민을 해야 한다. 마케팅이 당겨쓰기라면, 특히나 미래의 매출을 당겨온 행위라면 앞으로 어떻게 할 것인가?

어차피 무한정 당겨서 쓸 수는 없다. 일 년 내내 비용을 별도로 들이면서 마케팅을 하기도 쉽지 않을뿐더러, 시간이 지나면 마케팅의 효과도 줄어들 수밖에 없다. 결국, 마케팅의 효과가 끝나면 다시 일상으로 돌아온다. 다만 한가지 변화는 있다. 당겨쓰는 동안 당신의 가게를 경험한 사람의 숫자는 확실히 늘어나 있다. 이 사람들이 다시 찾아올 수 있는 무언가를 그들의 마음속에 남겨두어야 한다.

앞선 챕터에서 이야기했던 것들을 기억하는가? 살아남기 위해서 해야 하는 것들이 어떤 것들이었나? 그 조건들은 제대로 갖추고 있어야 한다. 그래야 마케팅 기간이 끝나고 나서도 손님이 이어질 수 있는 동력이 생긴다. 아니면 그 조건들을 갖춘 상태에서 마케팅을 적용해야 제대로 된 효과를 볼 수 있다.

다시 말하지만, 마케팅의 본질은 노출이고 성과는 미래의 고객 또는 매출을 당겨쓰는 것이다. 절대로 잠깐 늘어난 매출이나 고객 숫자가 이대로 유지될 거라는 환상을 품지 않길 바란다.

어차피 장사는 장기간의 마라톤이다. 마케팅 지원을 받는 동안은 옆에서 누군가 나를 조금 더 빨리 끌어주는 것으로 여겨야 한다. 그 사람이 나를 끝까지 끌어주지는 못한다. 결국, 내 체력과 호흡으로 롱런을 이어갈 수 있어야 한다. 마치 마케팅을 하면 모든 것이 다 해결될 것이라는 환상은 품지 마시길 바란다.

8. 사는 이유, 사지 않는 이유

　많은 사람이 '무언가를 판다'는 것, 즉 세일즈를 두고 편견을 가지거나 오해를 하고 있다. 판매라는 것은 물건을 가진 사람들이 독점적인 정보를 가지고 그것을 잘 모르는 고객들에게 비싸게 팔아서 큰 이문을 남기는 행위라는 인식이 강하다. 실제 우리가 살아온 세상에서 물건을 가지고 있는 사람은 대부분 힘이 강하고, 그 물건을 사야 하는 사람은 약자인 상황이 많았던 것은 사실이다. 정보의 비대칭으로 인해 남을 기만하는 것이 가능했고, 실제로 그런 방식으로 이득을 챙기는 과정이 장사로 돈을 버는 가장 빠른 방법이었다.

　그래서 우리가 살면서 겪은 매매 경험의 대부분은 구매하는 사람이 모든 위험을 부담하면서 물건을 사야만 했다. 내가 산 상품이 잘못된 것이어도, 사기 전에 확인하지 않은 것이 문제인 것처럼 여겨졌다. 그래서 '잘 보고 샀어야지'라는 핀잔을 자주 들어야 했던 경험이 누구나 있을 것이다.

　예를 들어 예전에는 중고차를 사면서 딜러에게 속아서 사는 경우가 허다했다. 그래서 자동차를 잘 아는 누군가와 함께해야지만 속지 않고 차를 살 수 있었다. 하지만 이제는 판매자에게 책임이 있는 세상이 되어가고 있다. 온라인 정보를 통해 사고자 하는 차의 이력이나 판매하는 사람의 이력까지도 전부 투명하게 알아볼 수 있다. 그뿐만 아니라 자동차를 제조한 회사가 품질보증을 하면서 중고차도 판매하겠다고 나설 만큼 판매자들의 책임이 강화되고 있다.

이러한 변화는 음식 장사를 하는데도 영향을 미치고 있다. 이 전에는 그저 한 자리에서 꾸준히 버티면서 맛있는 음식을 묵묵히 만들면서 성공하기를 기다려야 했다. 그렇지 않으면 좋은 상권에 자리 잡고 전단이라도 돌리면서 주변 사람들 사이에서 매출을 올려서 살아남으면서 기회를 엿보는 것이 전부였다.

하지만 이제는 그렇지 않다. 사람들이 익숙한 음식 옆에 무언가 반짝일 수 있는 아이템을 더하고, 온라인상에서 적극적으로 홍보하면서 전국 어디에서건 찾아올 사람들이 있다는 것을 염두에 둔 장사를 해야 한다. 즉, 좀 더 적극적인 형태의 판매 전략을 수립하고 적용해야만 살아남을 수 있다.

그 과정에서 가장 중요한 것은 파는 사람의 관점이 아니라 사는 사람의 관점에서 바라보아야 한다는 것이다. 사람들이 무언가를 사는 이유는 무엇이고 사지 않는 이유는 무엇인가에 대한 고민이 필요하다는 이야기이다.

좀 더 자세히 이야기해보자. 당신에게 팔아야 할 이유도 너무나 많다. 당신의 가족을 부양하는 일도, 당신의 꿈을 이루는 것도 모두 '파는 일'에 달려있다. 그래서 당신의 관심은 자연스럽게 파는 대상에 집중된다. 음식 자체에 쏠릴 수밖에 없다는 이야기다. 재료를 좀 더 좋은 걸 쓰거나, 맛을 조금 더 좋게 하려고 애를 쓴 뒤에 "우리 음식이 이렇게 맛있습니다"를 이야기하고 싶어 한다. 그런데 과연 고객들이 당신이 하는 말을 들으려 할까?

음식을 사는 사람, 고객은 관점이 당신과 다르다. 그들에게는 이 음식을 먹어야 할 이유가 필요하다. 단순히 '맛있으니까 드세요', '좋은 재료를 썼으니까 드세요'라고 말해봐야 당신 말을 들을 이유가 없다. 그 사람들에게 이 음식을 선택할 결정적 이유를 제공하지 않는 한, 그들은 당신의 음식을 사는 것을 주저할 것이다.

음식을 포함한 모든 구매의 순간에는 사야 할 이유와 사지 않아야 할 이유가 공존한다. 그리고 둘 중에서 일단 사지 않아야 할 이유가 훨씬 더 크다. 이는 무언가를 사는 것으로 인한 즐거움보다 지불해야 하는 비용이 더 고통스럽게 느껴지기 때문이다. 이 지출로 인해 또 다른 즐거움을 놓칠 수 있다는 불안감을 이기기 힘들다. 그래서 메뉴 선택은 어렵다. 인생을 두고 가장 어려운 질문이 '오늘 저녁에는 뭘 먹지'인 이유도 마찬가지이다.

그렇다면 우선 사지 않아야 할 이유를 없애는 방식을 고민해보자. 예를 들어 당신이 파는 달콤하고 짭짤한 뚝배기 불고기를 먹고 싶어 하지만, 혈압이나 당뇨, 또는 비만과 같은 문제로 꺼리는 사람이 있다. 어떻게 하면 이 사람이 당신의 불고기를 먹는 결정을 하도록 할 수 있을까?

가장 큰 문제는 설탕일 것이다. 그렇다면 그 이유를 없애보자. 비싸지만 설탕 대신 칼로리를 1/10로 줄인 알룰로스로 만든 뚝배기 불고기도 있다고 알리자. 맛은 같은데 건강을 위해 알룰로스를 썼기 때문에 부담 없이 먹어도 된다고 이야기하자. 그렇다면 고객은 그 음식을 사지 않을 이유가 없어진다. 어떤가? 당신의 뚝배기 불고기가 좀 더 잘 팔릴 수 있지 않을까?

이와 비슷한 방식으로 대박이 난 상품이 바로 무알코올 주류이다. 운전을 해야 하는 상황이지만 함께 있는 사람들과 맥주 한잔을 하고 싶은 사람들에게 무알코올 맥주는 마시지 않을 이유를 없애는 방식으로 다가갔다. 그 외에도 임산부들도 부담 없이 맥주 한 잔을 즐길 기회를 얻었다. 그리고 와인의 경우에도 마찬가지이다. 시중에 나온 무알코올 와인들도 같은 방식으로 영역을 넓혀가고 있다.

두 번째, 이번에는 사야 할 이유를 추가하는 방법을 찾아보자. 이 방법은 다른 이들과 비교당하지 않는 블루오션을 개척하는 문제에 가깝다. 예를 들자면, 다른 어느 곳에서도 먹을 수 없는 음식을 판다면 당신의 가게에 올 이유가 한 가지 더해진 셈이다. 단, 자기가 아는 익숙한 형태의 맛이어야 한다.

예를 들자면, 처음 치즈돈가스가 나왔을 때를 생각해보자. 돈가스를 먹으러 갔는데 치즈를 속에 넣은 치즈돈가스라는 것이 있다고 했다. 그렇다면 고객에게는 일반 돈가스와 치즈돈가스를 선택할 수 있는 장점이 있다. 그 가게에 가서 먹어야 할 이유가 더해진 셈이다. 중국집의 짬짜면, 냉면 가게의 반반 냉면, 피자가게의 반반 피자가 생겨난 것도 이렇게 사야 할 이유가 더해지는 형태였다. 그리고 냉면 가게의 경우에는 이후 구운 고기를 추가로 주는 형태로까지 사야 할 이유를 계속 더해가는 중이다.

당신의 가게는 어떤가? 사지 않을 이유를 없앤 메뉴가 있는가? 아니면 사야 할 이유를 더한 메뉴가 있는가? 혹시 둘 다 없는가? 만약 둘 다 없다면 당신은 어떻게 고객을 설득할 것인가?

9. 새로운 메뉴 도입의 정석

저녁에는 회를 위주로 팔고, 점심에는 물회로 인기를 끄는 가게가 있었다. 하지만 물회라는 음식이 워낙 계절을 타다 보니, 늦봄에서 초가을까지의 점심 매출이 1년 전체의 70%를 넘기는 불균형이 발생했다. 그래서 고민한 끝에 바지락 칼국수를 메뉴에 더했다. 주변에 바지락 칼국수 하는 가게가 없어서 가능성이 있을 것으로 판단했고, 테이블에서 직접 끓여 먹는 방법을 택했다. 일반 칼국수와 얼큰 칼국수 두 종류였고, 음식 맛도 좋은 편이라 금세 자리를 잡았다. 특히 물회와 정반대로 쌀쌀한 계절에 매출에 효자 노릇을 했다.

물론 그래도 겨울 매출은 여름보다 한참 모자랐다. 그래서 겨울 매출에 도움이 될 추가 메뉴를 고민했다. 바지락 칼국수의 성공으로 자신이 생긴 사장님은 이번에는 전골 메뉴를 도전하기로 했다. 뭔가 색다른 메뉴를 넣고 싶은 고민 끝에, 해물 만두를 만들어서 만두전골을 신규 메뉴로 시작했다. 기존에 바지락 칼국수와 같은 방식으로 테이블에서 직접 끓여 먹을 수 있는 메뉴였다. 만두전골을 먹고 나면 칼국수를 끓여서 식사를 마무리하는 형태였고, 기존에 바지락 칼국수가 있으니 이미 국수는 준비되어 있어서 주방의 수고를 덜 수 있을 거라는 생각이었다. 또한, 만두전골 이외에도 1인분 메뉴로 해물만두국수를 함께 시작했다. 해물만두국수는 주방에서 만들어서 내보내는 형태였다.

이 메뉴의 성공을 위해서 사장님이 가장 고민했던 것은 역시나 만두였다. 어떻게 맛있는 만두를 만들 수 있는지를 알기 위해 수많은 가게를 다니면서 연구를 했다. 당면을 넣을 것인가 말 것인가, 두부의 양은 얼마나 들어가야 하는가, 새우와 오징어는 얼마만큼 넣어야 하는가 등등.

그리고 가게 스태프들과 테스트도 많이 하고, 지인들을 불러서 시식을 거듭해서 맛있는 만두를 만들 수 있었다. 주변 사람들도 모두 칭찬을 아끼지 않았다. 단골손님들에게 테스트해 본 결과 이참에 해물만두 전문점을 하라는 이야기까지 나왔다. 사장님은 신이 났고, 본격적으로 점심 메뉴에 올려서 보란 듯이 성공시키고 싶었다.

하지만 그렇게 몇 개월이 지나고, 사장님은 고민 끝에 우리에게 연락했다. 점심 매출이 오히려 전보다 감소하는 추세로 흐르고 있었기 때문이다. 우리를 통해 온라인에 대대적인 홍보를 해서 해물만두전골과 바지락 칼국수를 사람들에게 알리고 싶어 하는 의도였다.

이미 이야기를 한 것처럼, 단순히 온라인에 노출만 시키고 일시적으로 사람이 몰려들게 하는 것은 그리 어렵지 않은 일이다. 하지만 그것보다는 이 가게가 잘되도록 하는 것이 결국 우리에게도 도움이 된다. 마케팅을 통해 손님을 당겨쓰는 것이 이 가게에 도움이 될지 아니면 독이 될지는 모를 일이었다. 그래서 단순한 홍보만 하는 것이 아니라 왜 이 가게에 이런 현상이 생기게 되었는지를 함께 고민하기로 했다.

우선 지난 몇 달간의 판매기록을 사장님과 함께 분석했다. 처음에 얼핏 메뉴에 대한 설명을 듣자마자 걱정이 되었던 현상이 실제로 벌어지고 있었다. 바로 제 살 깎아 먹기 현상이었다. 만두전골의 매출이 오르는 만큼 바지락 칼국수의 매출이 빠졌다. 만두전골 손님이 늘어나면서 바지락 칼국수 손님이 없어진 것이었다.

점심시간에 이 가게를 오려고 생각한 사람들은 잘해야 일주일에 1회 정도 방문할 것이고, 실제로는 주 1회도 쉽지 않다. 그리고 방문했을 때 만두전골과 바지락 칼국수 중 하나를 선택한다. 그 사람들이 오늘은 만두전골을 먹고 내일은 바지락 칼국수를 먹으러 또 오지 않는 것이다. 그리고 만두전골의 마지막에 칼국수를 먹을 수 있으니, 사실상 칼국수의 범주에 들어가는 같은 메뉴인 셈이었다. 즉, 해당 메뉴로는 평균 방문

횟수에는 큰 변화를 주기 어려웠다.

그 외에도 추가로 몇 가지 문제가 있었다. 첫 번째, 만두전골의 경우 다른 점심 메뉴보다 단가는 높았지만, 회전율 측면에서 불리했다. 전골의 내용물을 다 먹고 나서 마지막에 칼국수까지 끓여 먹을 시간이 필요했기 때문이다. 물론 매출이 전체적으로 감소하는 지금 상황에서 고민할 문제는 아니었지만, 향후 손님이 늘어나게 된다면 분명히 전체 매출에는 악영향을 미칠 것이었다.

두 번째, 만두는 손이 많이 가는 메뉴였다. 오징어와 새우, 부추 등의 재료를 손질하고 만두피에 싸는 작업을 위해 오전에 한 사람의 인력이 꼬박 들어가야 했다. 초기라서 사장님이 직접 작업을 하면서 버텼지만, 장기적으로는 추가 인원이 투입되어야 하는 상황이었다. 이는 분명히 인건비 상승으로 원가에 악영향을 미칠 상황이었다. 만약 직원을 늘리지 않는다면 사장님 체력이 지금보다 더 갈려 나갈 것이 뻔한 상황이었다.

그리고 상권 내에 만두 전문점이 한 곳 있었다. 밀접하게 가까운 거리는 아니었지만, 점심으로 만두를 먹으려고 한다면 분명히 양쪽 가게에 수요가 분산될 수 있는 상황이었다. 그리고 그 가게는 만두 전문점이었으니 사람들의 머릿속에 횟집의 해물만두보다는 그 가게 쪽으로 발걸음이 옮겨질 가능성이 컸다.

물론 사장님이 그런 고민을 하지 않은 것은 아니었다. 그래서 해물 만두라는 차별성을 두고 메뉴를 만들었다. 하지만 그것은 사장님의 입장일 뿐, 고객의 관점에서 오늘 만두나 만둣국을 먹으러 가려고 한다면 그것이 해물 만두냐 고기만두냐 하는 것은 큰 차이가 없다. 오히려 익숙한 것은 고기만두고, 만두 전문점이니 그쪽으로 마음이 더 가기 마련이었다.

　그리고 아직 주목받은 문제는 아니었지만, 장기적으로는 실망이 확장되는 문제가 생길 수 있다. 즉, 해물 만두가 고객들이 익숙한 고기만두를 이길 수 있을 만큼이 아니라면, '만두가 생각보다 별로인 상황'이 벌어진다. 그리고 이 감정은 '그 가게는 별로인 상황'으로 확장된다. 그렇게 되면 원래 주인공이던 물회와 바지락 칼국수까지도 이유 없이 비호감을 가지게 되는 현상이 벌어진다. 물론 논리적으로는 말이 안 된다. 하지만 사람은 감정적으로 선택한다. 무언가 호감이 안 가는 요소가 있으면 다른 선택을 하기 쉬운 존재다. 음식 장사를 하는 우리에게는 슬픈 일이지만 어쩔 수 없는 현실이다. 그래서 시간이 더 흐르면 해물 만두가 다른 메뉴의 매출까지도 깎아내릴 수 있는 소지가 있었다.

　마지막으로 만두전골은 횟집에서 먹는다는 인식이 없는 음식이다. 몇 번 강조했던 것처럼, 모든 음식은 익숙함을 기준으로 한다. 예를 들면 냉면을 파는 가게는 만두나 수육을 같이 파는 것이 익숙하다. 논리적으로 꼭 그래야 할 이유는 없다. 하지만 역시나 우리의 머릿속에 냉면과 만두가 함께 있는 것이 당연한 것처럼 느끼게 하는 무엇이 있다. 바로 경험을 통한 익숙함이다. 유명한 냉면 가게를 갔더니 만두나 수육을 항상 같이 먹었던, 그런 감각이 우리를 지배하고 있다.

위의 내용을 차분하게 설명했다. 그러자 듣고 있던 횟집 사장님이 한숨을 크게 쉬었다. 그리고 잠시 고민을 하더니 괴로운 표정으로 우리에게 이야기했다.

"지금까지 들인 노력이 너무 아깝네요. 이 만두전골 만들려고 얼마나 애를 썼는데 이렇게 접을 수는 없어요. 돈도 돈이지만 정말 얼마나 애를 썼는데…."

다시 말하지만, 우리는 조언을 할 뿐 결정을 내리는 역할은 맡지 않는다. 그래서 원하시면 현 상황에서 온라인 노출 빈도를 올릴 수 있도록 마케팅을 진행하겠다고 말씀을 드렸다. 그때, 다시 한번 사장님이 우리에게 물었다.

"만약 메뉴를 바꾼다면 어떤 것이 좋을까요?"

일단 그 질문을 꺼낸 사장님이 존경스러웠다. 속에서 불이 치밀었을 텐데 그걸 다 참고 더 나은 방향을 누군가에게 묻는다는 자체가 쉬운 일이 아니다. 그래서 그때부터 다시 고민을 시작했다. 우리도 답을 아는 것은 아니지만, 함께 고민하면 더 나은 방향이 나올 거라는 마음이었다.

우선 앞서 한 이야기를 하나씩 짚어보았다. 회전율에서 불리하지 않으려면, 테이블에서 익혀 먹는 음식은 한 번에 모두 익혀 먹는 음식을 내야 했다. 아니면 주방에서 요리를 끝내서 가져와야 했다. 두 번째는 손이 많이 가지 않는 메뉴여야 했다. 그렇다면 당연히 어차피 손질을 해둬야 하는 해산물을 기본으로 하는 것은 문제가 없었다. 또한, 이로 인해 자연스럽게 상권 내에서 메뉴가 겹칠 걱정에서도 일부 자유로울 수 있었다.

그리고 머릿속에서 횟집에서 나오는 점심 메뉴로 일반적인 메뉴들을 함께 고민했다. 그리고 또 하나 중요한 것은 면을 사용하지는 않아야 한다는 것이었다. 이미 바지락 칼국수가 있으니 반드시 밥을 중심으로 한 음식이 있어야 한다는 결론이 났다. 처음 의도와는 많이 빗나간 상황이었지만, 성공적인 메뉴를 런칭해야 마케팅도 힘을 받을 수 있는 상황이다 보니 모든 것은 여기서 새로 시작이었다.

추가로, 음식의 구성을 조화롭게 하는 것도 고민해야 했다. 그래서 우리는 맛이라는 것에 대해 더 공부해야겠다는 생각을 했다.

10. 성공하는 메뉴와 음식점

맨 처음 했던 이야기를 기억하는가? 음식점이 살아남는 데 필요한 것들을 많이 이야기했지만 결국 핵심은 음식의 맛이다. 물론 다른 여러 가지 요소들도 중요하겠지만, 그런 것들은 마치 어릴 적 읽었던 무협 소설의 무술 초식과 같다. 초식이 아무리 화려하고 멋있어도 그 초식들을 받쳐주는 내공이 없으면 고수는 될 수 없다. 마찬가지로 결국 음식이 얼마나 맛있는가에 따라서 그 가게가 장기간 살아남을 수 있을지가 결정된다.

그렇다면 맛있는 음식이란 과연 무엇일까? 대체 어떤 음식을 두고 우리는 맛있다고 표현을 하는 걸까? 일단 '맛'이라는 단어는 '음식 따위를 혀에 댈 때 느끼는 감각'이라고 한다. 여기서 혀에서 느끼는 감각이라면 단맛, 짠맛, 쓴맛, 신맛이다. 매운맛은 맛이 아니라 아픔이기 때문에 일단 맛으로 구분하기가 어렵다. 하지만 우리는 어디 내어놓아도 부족하지 않을 만큼 매운 음식을 사랑하는 민족이니 매운맛도 음식 맛으로 포함하는 것이 맞을 것 같다. 그렇게 우리는 다섯 가지의 맛을 가지고 음식을 평가한다. 하지만 무지개가 7가지 색이라고 하기에는 실제 너무나 무한한 스펙트럼이 있는 것처럼, 우리의 혀가 느끼는 맛의 스펙트럼도 5가지로 제한하기에는 너무나 광범위하다.

우선 짠맛은 흔히 '간'을 맞춘다고 표현할 만큼 우리에게 기본적이고 직관적인 맛이다. 간이 맞는 음식이 소화가 잘되며 우리 몸의 에너지원으로 전환되는 데에도 좋다. 특히나 이 짠맛의 근원인 나트륨의 경우 영양소와 산소를 몸의 구석구석에 배달하고, 노폐물을 밖으로 내보내는 역할도 한다. 또한, 짠맛은 다른 맛을 강화하는 역할을 해서 설탕과 소금이 함께 하면 단맛이 증가하고, 고기를 소금에 찍으면 고소한 지방의 맛이 강화되는 효과를 낸다.

그리고 짠맛도 단순하게 구성되지 않는다. 소금, 된장, 간장의 짠맛이 모두 다르고 장에 재워둔 장아찌나 소금과 함께 발효한 김치는 또 다른 형태의 짠맛을 전한다. 그리고 앞서 말한 것과 같이 이러한 짠 음식들이 다른 맛과 만나면서 그 맛을 극대화하는 역할을 하게 된다.

다음은 단맛이다. 인간은 진화의 과정에서 수렵 생활을 하면서 달콤한 음식을 만나면 무조건 그 자리에 주저앉아서 최대한 많이 먹어야 했다. 발견한 자리에 그대로 두었다가 다음에 와서 먹으려 했다가는 다른 동물들이 다 먹어치우기 일쑤였고, 들고 가서 먹기에는 보관방법이 없어 쉽게 상하는 한계가 있었다. 그뿐만 아니라 그 달콤한 냄새로 다른 포식자를 만나게 할 가능성도 있었다.

그렇게 유구한 시간을 거치면서 인류에게는 한가지 특징이 생겼다. 달콤한 음식을 좋아하도록 DNA에 새겨버렸다. 즉, 단맛을 느끼면 뇌에서 쾌락이 생기도록 진화한 것이다. 그렇다 보니 인류는 단맛에 가장 민감하다. 그래서 설탕, 엿, 물엿, 콜라, 사탕, 초콜릿 등등 단맛은 물리적, 화학적인 변화를 주면서 끝없이 다른 맛처럼 느끼게 된 것이다.

느닷없이 왜 짠맛과 단맛에 관한 이야기를 이렇게 장황하게 늘어놓았을까? 성공하는 메뉴를 만들기 위해서는 무조건, 이 두 가지 맛에 집중해야 하기 때문이다. 물론 이런 이야기를 들으면 매운 음식을 파는 음식점이 대세라면서 반박하는 분들도 있다. 매운 짬뽕, 매운 돈가스, 매운 냉면, 매운 카레 등등. 대세는 매운 음식이라는 것이다. 그 주장이 틀린 것은 아니다. 실제로도 매운 요리를 파는 가게 중에 성공하는 가게들이 많다. 특히나 유튜브나 인스타 등을 통해 이슈가 되면서 더 명성을 얻고 있다.

다만 그 가게들이 성공한, 매운맛의 음식들의 실체에 관해서 이야기해보자. 매운 짬뽕이라는 음식은 결국 짬뽕이다. 짬뽕은 나트륨 지수가 제일 높은 음식이고, 이는 곧 짠맛이 강하다는 것을 의미한다. 매운 돈가스나 매운 냉면, 쫄면 같은 음식을 먹을 때 '맛있게 맵다'라는 표현을 한다. 매운 것은 통증이니 맛있게 만드는 것과는 큰 관련이 없다. 여기서 당신에게 맛있게 다가오는 것은 단맛이다. 즉, 짠맛과 단맛이 당신이 그 음식을 맛있다고 느끼게 하는 가장 중요한 요소인 셈이다.

그리고 위의 다섯 가지 맛에서 언급하시지 않았지만, 현재 우리의 음식 문화를 지배하고 있는 것은 바로 '감칠맛'이다. 지금 우리가 거의 모든 음식의 육수로 활용하는 재료들은 바로 감칠맛을 포함하고 있으며, 이것이 바로 흔히 말하는 MSG의 맛이다. 다시마 육수, 소고기 육수를 통해 당신이 요리하는 모든 음식이 이 맛을 담고자 하는 것이다. 간장게장은 짠맛과 게살의 감칠맛이 함께 휘몰아쳐서 그만큼의 맛을 내는 것이고, 불고기는 단맛과 소고기의 감칠맛이 한 덩어리가 되어서 그 맛을 내는 것이다.

그리고 또 하나, 맛이라는 것은 인류의 진화와도 밀접한 관계가 있다. 인류는 살아남기 위해 쉽게 고칼로리의 음식을 얻고자 했다. 그래서 내장에서 칼로리 흡수에 유리한 구운 고기를 더 좋아하게 되었고, 어떤 형태로든 단 음식을 더 선호하도록 진화했다. 즉, 당신이 신규로 내놓아야 하는 음식은 일단 고칼로리인 것이 무조건 더 유리하다는 것이다.

자 그렇다면 앞서 이야기했던 횟집의 점심 메뉴를 추가한 이야기를 이어가 보자. 회전율, 인력 소요 최소화, 상권 확인, 해산물을 메인으로 하고 면이 아닌 밥을 먹기 위한 음식을 찾아야 했다. 물론 정해진 정답은 없다. 여러분이라 어떤 음식을 제안하겠는지 한번 고민해보면 좋겠다. 우리가 고민 끝에 결정한 내용은 이렇다.

우선 바지락 칼국수가 짠맛과 조개의 감칠맛을 활용한 메뉴였으므로, 그와 비교될 수 있는 단맛을 활용할 수 있다면 좋겠다는 생각을 했다. 달면서 해산물을 활용한 음식. 가장 대표적으로는 낙지볶음이 있다. 맛있게 맵다는 것이 곧 달콤한 매운맛이니 바지락 칼국수와 정반대 위치에서 손님에게 다가갈 수 있을 것이었다. 그리고 주방에서 조리해서 나오면 되니 회전율 측면에서도 유리하고, 어차피 쓸 낙지를 더 준비하면 되는 측면이라 이상적인 추가 메뉴라는 생각이 들었다.

그 외에는 대구 맑은탕과 매운탕도 추가 메뉴로 고민했다. 역시나 주방에서 뚝배기에 조리해서 나오면 되는 메뉴이다 보니 회전율 측면에서 불리할 건 없었다. 짠맛을 기준으로 한다는 측면에서 바지락 칼국수와 겹친다는 고민도 있었지만, 바지락 칼국수는 전분이 풀어진 국물이 되고, 대구탕은 맑은 국물의 형태라서 큰 문제는 없을 것이라는 판단이었다.

마지막으로 제안한 메뉴는 해물 뚝배기였다. 새우와 전복, 조개류를 기준으로 낙지를 넣고 후추의 매운맛을 살리는 방향의 맑은 국물 요리였고, 앞서 이야기한 대구탕과 마찬가지의 장점이 있는 셈이었다. 역시나 후추가 아니라 고춧가루와 설탕을 활용하는 매운 해물 뚝배기도 좋을 것으로 생각이 들었지만, 사장님이 매운 국물 요리를 내켜 하지 않았다.

결과적으로 최종 선택은 맑은 해물 뚝배기였다. 냉동 대구를 쓰고 싶어 하지 않았던 사장님 관점에서 생대구를 준비하기는 아무래도 부담이 있다고 했다. 대신 새우와 전복, 낙지는 어차피 저녁에 써야 할 재료들이니 대구보다 준비하기도 수월하고, 여느 횟집과는 차별되는 메뉴를 내놓을 수 있을 거라고 했다. 차별성을 중요하게 여겨서 해물 만두전골까지 도입했던 사장님이었기에 충분히 이해가 가는 선택이었다.

만약 내 가게였다면, 나는 낙지볶음이나 대구 매운탕을 했을 것 같다. 일단 위에서 고민했던 메뉴 중에서 가장 칼로리가 높아서 밥과 함께 먹기에 좋을 것이라는 생각이 들었기 때문이다. 그리고 대구 매운탕의 경우에는 냉동 대구를 쓰게 되면 원가 측면에서 해물 뚝배기보다 유리할 것이었다. 어차피 준비하는데 드는 품은 비슷할 것이고, 그렇다면 이윤이 높은 방향이 더 좋게 느껴졌기 때문이다.

하지만 이런 차이는 말 그대로 운영하는 사람의 경영철학에 달린 문제다. 맞고 틀린 문제가 아니라 자기의 선택을 맞게 만들어내느냐 그렇지 못하느냐의 문제인 것이다. 대구 매운탕이든, 해물 뚝배기든 잘 팔리고 고객에게 사랑받는다면 정답이 된다.

그렇게 해물 뚝배기를 점심 메뉴에 추가하게 되었고, 준비하는데 4개월 넘는 시간이 걸리긴 했지만 그래도 안정적으로 매출에 이바지하는 효자 메뉴가 되었다. 물회만큼 인기를 끌지는 못해서 아쉬워했지만, 그래도 충분히 만족스러운 결과를 얻었다고 우리에게 고마워했다.

3

더 깊은 이야기들

3 더 깊은 이야기들

이번 장에서는 기본이 갖춰진 가게가 한 발 더 성장하는 데 필요한 것에 대해서 말씀드리려고 합니다. 현장에서 가장 많이 만나는 문제들, 가장 많이 부딪히는 질문들을 가지고 이야기를 드리겠습니다. 당연한 이야기이겠지만, 저희는 온라인 마케팅을 하는 사람들이다보니 그 방면의 개선에 관해 집중적으로 말씀을 드리게 될 것 같습니다.

1. 틈을 찾아서 단단히 잡고, 벌려라

사실 음식 장사를 한다는 것은 커다란 벽을 마주하는 것 같은 일이다. 내가 하고자 하는 메뉴와 관련된 유명가게가 이미 수없이 많고, 내

가게가 있는 상권의 터줏대감처럼 존재하는 가게도 있으며, 베테랑 직원은 그런 가게에 몰려서 내 가게로 오지 않는다. 산 넘어 산, 벽 앞에 벽이 있는 셈이다.

가끔은 호기롭게 유명가게 맞은편에 같은 음식으로 덤벼드는 도전을 하는 분들도 있다. 그 도전 정신은 높게 살만하지만 거기까지다. 당당해 보일 수 있겠지만 말 그대로 계란으로 바위를 치는 행동일 따름이다. 사람들이 그 가게가 잘 되기를 응원은 할 수 있지만, 정작 그 가게에 가서 실제로 음식을 사 먹을 리가 없다. 행여나 발생할 수 있는 손해, 즉 새로운 가게에서 먹었는데 만족하지 못하는 상황이 벌어지는 것 자체를 싫어하기 때문이다. 원하는 메뉴로 유명한 믿음직한 가게가 맞은 편에 있는데 굳이 뭐하러 새로운 가게를 들어가는 위험을 감수하려고 하겠는가.

이러한 현상이 심화하다 보면 고객들이 프랜차이즈 음식점을 선호하는 상황으로 이어지기도 한다. 실제로 잘 모르는 국내 여행지에 가서 그곳의 음식을 먹기보다, 자기가 잘 아는 브랜드의 음식을 먹으러 가는 경우도 의외로 많다. 이미 익숙하게 잘 아는 맛인 만큼 실패가 없기 때문이다. 새로운 음식을 즐기는 사람들은 이해할 수 없겠지만, 그 정도로 사람들은 예상할 수 없는 상황에서 발생할 수 있는 손해를 증오한다.

이렇듯 다방면으로 벽에 부딪히는 음식점 장사는 심각한 레드오션이다. 오죽하면 총 음식점 수를 정부에서 제한해야 한다는 취지의 '음식점

총량제'가 화두가 되기도 할 정도이다. 물론 쉽게 시행되기는 어려운 문제이지만 오죽하면 그런 화두가 제시되었는지는 생각해봐야 한다. 그만큼 심한 경쟁이 이루어지고 있다는 것, 그 안에서 내가 살아남기란 절대 쉽지 않다는 것을 항상 염두에 두어야 하는 셈이다.

따라서 이러한 음식점 장사를 하면서 완벽히 새로운 블루오션을 찾는다는 것은 불가능에 가깝다. '맛'이라는 것은 결국 우리 입안에서 느껴지는 다섯 가지 감각으로 결정되는 것이고, 사람이 사용하는 음식 재료도 더 추가되기 어려우므로 결국 세상 아래 완벽하게 새로운 것은 없다.

그렇다면 이러한 벽을 앞에 두고도 이겨내는 방법은 무엇일까? 어떻게 해야 성공한 음식점을 만들어 갈 수 있을까? 이에 대해서 조금 억지스럽게 느낄 수 있겠지만, 블루오션을 '찾는' 것이 아니라 '만들어 내야' 한다고 생각하는 것이 훨씬 쉽다. 블루오션을 만든다니, 그리고 그게 더 쉽다는 것이 대체 무슨 의미일까?

익숙함에서 시작해서 새로움을 만들어야 한다. 그 새로움이라는 것은 다양한 방법이 있다. 예를 들어 비교 대상보다 월등한 품질이나 맛, 또는 가성비를 갖추었다면 가장 강력한 경쟁 무기가 된다. 하지만 특별한 공급망이 없이 남들과 비슷한 유통망에서 공급받는 처지에서 그런 차이를 갖추기는 쉽지 않다. 더 좋은 재료를 수급하려면 당연히 더 많은 돈이 들고, 가격 경쟁에서 밀릴 수밖에 없다. 만약 더 좋은 재료를 구하면서 가격을 유지하거나 남들보다 낮게 한다면, 장사는 정말 잘 되겠지만 정작 운영하는 사람 관점에서는 남는 것이 없다. 결국, 사장님이 버티지 못하고 쓰러질 때까지 달리는 마라톤인 셈이다.

두 번째 방법은 다른 사람들과 조금 다른 음식 조합을 하는 것이다. 원가에 큰 차이를 주지 않으면서 매출을 올리는 방법을 원한다면 가장 적합하다. 남들이 하지 않는 음식 조합이나 맛의 조합을 보여주고, 가격에 변화를 주면 사람들은 큰 거부감없이 받아들인다. 음식점을 경영하는 분이라면 이 지점에 대한 충분한 고민과 연구가 지속해서 이루어져야 할 것이다.

세 번째 방법은 예쁘고 아름다운 음식을 만드는 것이다. 온라인 홍보는 음식의 사진으로 결판이 난다. 따라서 다른 곳에서 파는 음식보다 아름다운 구성일 때 사람들이 카메라를 들이대게 된다. 가장 대표적인 사례로 회오리 오므라이스나 반숙 오므라이스가 이에 해당한다. 식감에 일부 차이가 있긴 하지만 투입된 재료의 측면에서 보면 큰 차이가 없다. 대신 보기에 예쁘다는 기준 때문에 가격은 일반 오므라이스 대비 두 세 배씩 비싸게 팔린다. 고객들이 직접 사진 찍고 자기 SNS에 올려서 자동 홍보가 되는 효과가 있다 보니, 점점 더 많은 사람이 찾게 되는 현상이 이어진다. 확실히 음식으로 돈을 벌 수 있는 흐름은 아름다운 음식을 보여주는 것에 있다.

위의 이야기를 좀 더 현실감 있게 해보자. 예를 들어 당신이 삼겹살을 팔고 있다. 그렇다면 위의 방법을 어떻게 당신의 가게에 접목할 수 있을까? 일단 사람들의 머릿속에서 떠오르는 아이디어는 '좋은 고기'를 쓰는 것이다. 무엇보다 맛이 중요하고, 맛은 결국 원재료의 품질이 좋아야 하니 고기를 더 좋은 것으로 바꾸는 것은 누구도 이견을 달기 힘든 아이디어다. 대신 가장 안타까운 아이디어이기도 하다.

그 이유는 간단하다. 어떤 가게도 자기들이 질 나쁜 고기를 쓴다고 말하지 않기 때문이다. 우리 고기가 아무리 좋아도 비교할 대상이 없다면 의미가 없다. '우리 가게는 정직하게 좋은 고기만 씁니다.' 하고 현수막을 걸어둔다고 해도 마찬가지다. 그 사실을 당당히 말하고 인정받고 싶은 것이 사람의 마음이기는 하지만, 맞은편 가게의 삼겹살은 외국산이고 우리 고기는 국산이라고 해도 소비자는 큰 관심이 없다. 결국, 불판 위에서 구워져서 비슷한 맛이 난다면 그 고기가 캐나다산이든 덴마크산이든 국산이든 관심이 없단 이야기이다. 비교 우위를 보여주기 어려운 상황에서는 재료의 차별화가 오히려 도움이 안 될 가능성이 있다.

물론 특별하게 제주도 흑돼지를 갖추고 숙성해서 맛에서 명확한 우위를 보인다면, 비싸게 판다고 해도 고객이 납득할 수 있다. 앞서 말한 대로 월등한 품질을 확보하는 상황이니 고객의 가치 판단 기준이 다르기 때문이다. 하지만 이것은 처음부터 꼼꼼하게 기획하지 않는다면 일반 가게에서 시도하기는 절대 쉽지 않다.

두 번째 방법은 한동안 유행했던 곁들임 음식의 변화다. 예를 들어 어떤 가게에서 삼겹살과 고사리를 같이 구워 먹는 장사를 시작해서 유행된 적이 있다. 일반적으로 마늘과 김치만 구워 먹던 사람들이 고사리를 함께 먹으면서 색다른 맛을 인식하고 널리 퍼진 것이다. 이처럼 이전에는 몰랐던 새로운 맛이 더해지는 것이 블루오션이 되어준다. 그래서 요즘은 고사리, 콩나물무침, 파김치 등등 다양한 재료들이 삼겹살과 함께 구워진다. 익숙함 위에 변화를 추구하는 가장 일반적인 사례인 셈이다.

비슷한 방법으로 삼겹살을 찍어 먹는 소스를 변경시키는 것도 다양하게 도입되었다. 단순히 쌈장만 있는 것이 아니라 소금, 멸치젓, 고추냉이 등등 다양한 변화가 가능하다. 을지로의 한 삼겹살 가게는 콩가루를 내어주는데, 삼겹살에 찍어 먹는 콩가루의 고소함에 반해서 이 조합을 좋아하는 사람들이 많다. 그리고 쉽게 그런 소스 조합을 만들어주는 곳을 찾기 어렵다 보니 이 가게만 찾는 사람들도 있었다. 삼겹살 파는 가게 중에는 1등이기 어렵겠지만, 콩가루를 소스로 내어주는 가게에서는 손에 꼽는 가게가 되는 셈이다.

여기서 한 단계 깊이 들어가는 방법도 있다. 소금을 쓰더라도 히말라야 핑크 솔트 같은 호기심을 자극하는 소스를 준비하는 방법, 고기에 별도의 향을 주기 위해 허브와 함께 숙성시키는 방법과 같은 것들이다. 즉, 큰 재료의 변화를 주지 않고 먹는 사람들의 호기심을 자극하는 것이다. 무엇보다 이러한 시도에는 큰 비용이 소요되지 않는다. 대신 고객이 마음에 들어 한다면 음식의 가격을 높일 수 있으므로 가장 효율성이 높다.

세 번째는 음식을 아름답게 만드는 방법이다. 가장 인상적이었던 곳은 삼겹살에 칼집을 내어 파는 곳이었고, 삼겹살을 굽고 나니 칼집으로 인해 삼겹살이 독특한 식감을 가지게 되었을 뿐만 아니라 꽃 모양으로 펼쳐진 모양이 되었다. 고기를 내오는 접시며 깊고 둥근 형태의 불판까지 모두 미적으로 크게 신경을 쓴 느낌이 들었고, 같은 가격이면 당연히 이런 곳에서 식사하고 싶다는 마음이 들었다.

앞서 소개했던 횟집도 마찬가지다. 해물 뚝배기가 자리를 잡았다고 하면 다시 고민을 이어가야 한다. 해물 뚝배기를 더 차별화하는 방법, 또는 해물 뚝배기와 곁들이는 메뉴를 추가하는 방법 등을 찾아서 지속해서 틈새를 찾아서 확장해가야 할 것이다.

위와 같은 방법을 당신의 가게에 적용할 수 있는 아이템을 찾아라. 벽에 틈을 내는 방법은 바로 그것이다. 그러고 나서 그 아이디어가 자리를 잡고 나면, 같은 방식으로 한 번 더 개선하거나 다른 아이디어를 더하면서 그 틈에 당신의 뿌리를 찔러넣어라. 그 위에 시간이 양분으로 더해지면 그 틈은 더 벌어질 것이고, 마침내 당신은 그 벽을 넘어설 수 있을 것이다.

2. 멋있는 것이 맛있는 시대

　음식은 맛으로 느끼는 것이다. 입안으로 들어온 음식의 식감, 감칠맛, 단맛, 짠맛 등 어떻게 혀를 자극하느냐에 따라서 만족감이 변화한다. 그리고 칼로리가 높을수록 사람의 뇌와 장기는 만족스러워한다. 이 두 가지는 요리의 가장 근본적인 요건이고 앞으로도 변치 않을 것이다.

　하지만 생활이 윤택해짐에 따라 인간은 먹는 것에서도 모양새를 중시하게 되었다. 이는 다른 동물들에게서는 찾아볼 수 없는 특성이니 인간 고유의 특성이라고 볼 수도 있다. 산업혁명 이후 인류는 엄청난 윤택함을 가지게 되었고, 거기에 예쁘고 아름다운 음식이 SNS를 통해 온 세상에 알려져서 이러한 음식에 대한 수요는 지속해서 늘어나고 있다.

　그에 따라 이제는 단순히 맛으로만 음식을 평가하는 시대가 아니다. 맛은 기본이고 그 위에 멋이 더해져야만 한다. 요즘은 그런 현상이 심해져서 멋이 맛보다 중요해지는 사태가 벌어지기도 한다. 음식의 맛은 평범하더라도 그 모양새가 예뻐서 사람들이 줄을 서는 식당도 많이 생겼다. 앞서 이야기했던 반숙 오므라이스 가게도 비슷한 사례로 볼 수 있다. 개인적인 견해로는 이 오므라이스가 과연 일반 오므라이스보다 두세 배씩이나 비쌀 만큼 맛있다고 생각하지 않는다. 하지만 고객 앞에서 계란 덩어리를 칼로 가르고, 반숙인 안쪽의 계란이 흘러내리면서 밥을 덮는 퍼포먼스를 하게 되면 그 장면을 영상으로 찍느라 다들 난리다. 곧이어 그 영상이 수많은 SNS상에서 돌아다니게 되었고, 음식의 맛보다는 그 영상을 통해 본 압도적인 퍼포먼스를 보기 위해 가게 앞에 줄을 서고 있었다. 그만큼 세대가 더 젊어질수록 멋이 맛보다 우선인 현상이 많이 벌어지고 있다.

그렇다면 과연 멋이라는 것은 무엇일까? 단어의 뜻을 살펴보면 '차림새, 행동, 됨됨이가 세련되고 아름다운' 것을 의미한다고 한다. 그렇다면 우리는 지금 음식을 두고 말하는 것이니 당연히 차림새가 세련되고 아름다워야 할 것이다. 어떤 요소들이 그런 느낌을 우리에게 불러일으키는 것일까?

물론 보이는 것, 시각적인 자극이 가장 중요하다. 실제로 우리가 접하는 정보 대부분은 눈을 통해 들어오기 때문이다. 하지만 음식을 제공하는 처지에서는 다른 감각도 놓쳐서는 안 된다. 시각 말고도 후각, 청각, 촉각 모두 멋을 만들어낼 수 있는 중요 요소이기 때문이다.

우선 시각적으로 확실한 차별화가 필요하다. 그렇다고 해서 휘황찬란하고 돈을 왕창 쏟아부은 비주얼을 말하는 것이 아니다. 이제껏 다른 곳에서 보지 못한 한 방이 있어야 한다. 어딘가에서 본 것 같은 기시감이 들면 그때의 경험과 자연스럽게 비교하게 되고, 비교하게 되면 먼저 그 기억을 선점한 가게가 더 유리하다. 그러니 강렬한 인상을 남길 수 있는 비주얼을 고민해서 적용해보자.

우선 음식 자체의 비주얼을 가지고 변화를 주는 경우다. 우리가 흔히 먹는 LA갈비는 소의 갈비뼈를 수직으로 잘라서 만든 것이다. 이 자르는 방향을 90도 회전해서 뼈와 같은 방향으로 자른 것이 우대 갈비다. 우대 갈비와 LA갈비는 말 그대로 같은 부위를 방향만 다르게 자른 것이다. 하지만 음식점에서 우대 갈비를 먹으면 LA갈비보다 훨씬 더 비싸게 받는 경우가 많다. 일단 근막이나 지방을 제거하는 작업이 번거롭기도 하고, 토치로 뼈와 그 주위를 구워줘야 하는 품이 들기 때문이기도 하겠지만, 일단은 시각적으로 압도적인 경험을 주기 때문에 그 가격에 팔아도 고객이 납득하게 된다.

또는 음식의 신선도를 어필하는 방법도 있다. 당신의 식자재가 자신 있다면 고객에게 있는 그대로의 재료를 보여주고 바로 먹을 수 있도록 해주면 만족도가 높아진다. 유명 일식집에서 고객 앞에 복어를 들고 와서 당근을 씹어먹는 모습을 보여주는 퍼포먼스를 하고, 이후 주방으로 가져가서 복어회를 만들어오면 고객이 왠지 더 신선한 것으로 생각하게 하는 것과 같다.

그 다음은 음식을 펼치는 방식이다. 예를 들자면 샤브샤브를 시켰는데 모든 채소 식자새가 이미 육수 안에 다 들어가 있는 채로 나온다고 생각해보자. 그리고 고객이 단순히 고기만 넣어서 익혀 먹으면 되게 하면 그 가게는 어떻게 될까? 음식만 맛있다면 재료를 익히는 시간이 줄기 때문에 회전율이 올라가서 돈을 많이 벌까? 절대 그렇지 않다. 샤브샤브라는 음식이 주는 본질적인 기쁨, 즉 식자재를 하나씩 넣으면서 익히는 시각적 효과를 무시한 상황이기 때문에 손님들에게 외면당할 것이다. 물론 그 대신 가격을 파격적으로 낮게 한다면 손님들이 가성비가 좋은 가게로 인식하고 살아남을 수는 있을지 모르겠지만, 역시나 주인이 지쳐서 쓰러질 때까지 이어지는 마라톤이 될 가능성이 크다.

다음은 디스플레이 방식의 변화를 주는 방법이다. 주요 메뉴를 다른 곁들임 메뉴보다 높게 위치하도록 받침대를 놓아서 눈에 가깝게 보이도록 놓는다든지, 아니면 정말 큰 쟁반에 이미 반찬을 다 배치해서 손님 앞에 그대로 내려놓는다든지, 아니면 유명 쌀밥 집에서 하는 것처럼 주방에서 아예 상을 다 차려서 손님 앞에 한 번에 내놓는 방식으로 시각적 압도감을 줄 수도 있다.

두 번째는 냄새를 통한 자극이다. 후각적으로 강렬한 기억을 남기는 데 성공한다면, 이는 시각적인 것보다 더 큰 성공을 이끌어 올 수 있다. 유명 파전집에서 안쪽에 주방을 두고도 괜히 입구 바로 옆에서 파전을 굽는 것이 아니다. 지나가다가 기름에 전이 구워지는 냄새를 맡으면 자연스레 고개가 돌아가게 된다. 호떡집도, 호빵도, 찐빵도 모두 문 앞이나 옆에서 만드는 이유는 모두 이렇게 냄새를 통해 자극하기 위해서이다. 전어는 그 지방이 타는 고소한 냄새로 집 나간 며느리도 돌아오게 만든다고 하지 않았던가.

향이 강력한 메뉴가 없다면 가장 기본 메뉴인 밥으로도 효과를 낼 수 있다. 바로 돌솥밥이다. 물론 따뜻하게 방금 한 밥이기 때문에 맛에서도 유리한 면이 있겠지만, 뚜껑을 열었을 때 풍겨오는 밥 냄새가 고객에게 주는 만족감이 크기 때문에 별도의 비용을 더 내면서도 많은 사람이 돌솥밥을 선택한다. 그리고 여기에 한가지 팁을 더하자면, 쌀을 향미를 사용할 때는 더욱 강렬한 기억을 남길 수 있다. 아마 그 향기를 기억하고 당신의 가게에 다시 방문하게 될 수도 있을 만큼일 것이다.

세 번째는 소리를 통한 자극이다. 술 마시는 것을 좋아하는 사람이라면 비가 억수로 쏟아지는 날에는 포장마차에 가고 싶어 할 것이다. 천막에 떨어지는 빗소리를 안주 삼아 술 마시는 낭만을 잊지 못할 것이기 때문이다. 그런 효과를 극대화하려고 일부러 가게 천장 위에 슬레이트를 설치해서 빗소리가 크게 들리도록 한 가게를 본 적도 있다. 파전을 파는 가게였는데, 정말 파전과 막걸리, 그리고 빗소리가 어우러져서 잊지 못할 순간을 만들어주었다. 만약 내가 비 오는 날 어디선가 술을 한잔하고 싶다면, 자연스레 그 가게가 머릿속에 떠오르지 않을까?

네 번째는 손의 촉각을 자극하는 방법이다. 단순히 숟가락과 젓가락 말고, 직접 손을 사용하는 음식이 있는 것이 유리하다. 지금이야 깔끔한 것을 좋아한다고 하지만, 인류는 수만 년 동안 손으로 음식을 먹었다. 유전자에는 그 기억에 남아있고, 손도 분명히 맛을 느끼는 수단의 하나다. 감자튀김을 젓가락이나 포크로 먹기보다 손이 먼저 나가는 것은 당연한 본능이고, 같은 김밥이라면 젓가락으로 집어 먹는 것보다 한 줄을 통째로 손으로 들고 입으로 베어먹는 것이 야만적이지만 더 큰 만족을 준다.

따라서 당신의 가게에도 손으로 직접 먹을 수 있는 음식이 있어야 한다. 채소 스틱이라든지, 고구마, 감자 등등. 그리고 메인 음식을 싸 먹을 수 있는 김, 쌈 채소, 토르티야 같은 것들도 준비하자. 무언가를 손으로 싸서 먹는 만족감을 놓쳐서는 안 된다. 오죽하면 튀김을 상추에 싸 먹는 가게까지 있겠는가.

시각, 후각, 청각, 촉각. 이 네 가지 감각에서 느껴지는 멋은 곧 맛이 된다. 분명히 우리 가게가 성장하려면 이러한 측면에서 개선점을 찾아서 적용해야 한다. 그리고 마지막으로, 멋있는 음식이라는 말이 내재한 의미를 놓쳐서는 안 된다. 과연 그것이 무엇일까?

차림새가 세련되고 아름다운 음식은 곧 사람의 노력이 더 많이 들어간다는 뜻이다. 삼겹살에 칼집을 넣으려면 그냥 내는 것보다 몇 배의 노력이 든다. 반숙 오므라이스의 생명인 계란 반숙 덩어리를 구우려면 수많은 연습이 필요하고, 실제로도 일반 계란 부침보다 훨씬 많은 정성이 필요하다. 우대 갈비를 제공하려면 모든 테이블에 사람이 달라붙어서 구워주어야만 한다. 돌솥밥을 제공하는 것도 얼마나 많은 공이 드는지 해본 사람만 안다.

즉, 아름답다는 것은 곧 그 가게에서 얼마나 노력했는지를 대변하는 셈이다. 고객도 그만큼의 공이 들어있는 음식에 대해서는 인정하게 된다. 그 인정을 받으면 경쟁자들을 이기고 고객의 마음을 얻게 되는 셈이다.

다시 강조해서 말하지만, 음식 장사는 절대 쉽지 않다. 계속해서 해내 가려고 한다면, 다시 한번 마음을 다잡고 시작하시길.

3. 가게를 운영하는 당신에게 가장 필요한 능력

사장님들과 이야기를 나누다 보면 이분들이 잘 될지, 그렇지 않을지를 느끼는 순간이 있다. 물론 완전히 맞는다고 할 수는 없다. 하지만 마케팅 일을 오래 해오면서 많은 사람을 만났고, 그 과정에서의 경험이 쌓이면서 그런 분들을 어렴풋이 알아볼 수 있게 된 것 같다. 그렇다면 그런 느낌을 주는 분들이 가지는 특징은 어떤 것이 있을까?

일단 기본적으로 성실하고 우직했다. 재기 넘치고 아이디어가 무궁무진한 분들, 가끔은 마케팅을 오랫동안 해온 나로서도 들으면서 놀랄 만한 아이디어를 내는 분들도 있었지만, 그런 분들은 힘든 시간을 버텨내는 끈기가 부족했다. 결정하는 순간의 즐거움이 사라지고 그 생각을 현실로 만드는 과정에서 필요한 참을성이 부족한 경우가 많았다. 그럴 때는 재주가 오히려 저주가 되었다는 느낌이 들 때도 있었다.

원래 아이디어라는 것이 참 아름답게 느껴지지만, 그것을 현실화하는 것은 절대 아름답지 않다. 어렵고 힘들고 지저분한 것들이 잔뜩 끼어 있기 마련이다. 원래 보석은 흙 속에 숨어있는 법이다. 그 흙을 파서 보석을 찾아내어 마지막에 겉에 붙은 흙을 털어낼 참을성이 없으면 보석은 내 손에 쥘 수 없는 존재인 것이다.

그리고 음식 장사라는 것은 그런 특성이 더욱 심하다. 한 가지 음식에 대해 장인으로 성장하거나 한 분야의 유명 셰프로 성장하는 길을 꿈꾼다면 재능이 중요할지 모르지만, 우리가 이야기하는 음식점 장사를 위해서는 센스가 부족해도 성실한 편이 낫다. 음식점의 일은 하다 보면 두세 달 안에 다 비슷한 수준으로 해낼 수 있기 때문이다.

두 번째는 보통 사람 이상의 절실함을 가지고 있다는 것이었다. 한 사장님은 6개월 이내에 손님을 모으지 못하면 자신의 가게가 자리 잡지 못할 것으로 생각했다. 그래서 그 6개월간 거의 가게의 불을 끄지 않고 살았다. 단기간에 많은 사람에게 알려야 해서 그렇게 할 수밖에 없었다고 했다. 6개월간 정말 제대로 맘 놓고 자 본 날이 없을 만큼 치열했다고 말할 때, 말 그대로 될 때까지 하는 사람이란 이런 분이라고 느꼈었다.

비슷한 또 다른 사례도 있었다. 무조건 하루에 200만 원 매출을 올리겠다고 다짐을 하고는, 그 매출 달성될 때까지 장사하는 분이 있었다. 그러다 200만 원 도달을 못 하면 날을 새더라도 영업을 계속했다. 시간으로 매출을 만들어 내다보면, 손님이 모이고 그 이후에 천천히 영업시간이 줄어들었다고 했다. 그래서 지금은 영업시간도 다른 가게와 비슷한 수준으로 줄어들었고, 매출은 오히려 일 250만 원 정도 된다고 했다. 자기는 지금도 만약 주변에 같은 메뉴로 자기처럼 장사하는 사람이 생기면 똑같이 해서 손님을 지킬 각오가 되어 있다고 하며 눈빛을 반짝였다. 무서웠다. 말 그대로 이 사장님은 여전히 전쟁터 한가운데 있다는 느낌이 들었다.

사실, 이분들이 선택한 방법은 코로나 이후의 요즘 시대에는 잘 맞지 않는다. 위의 사례처럼 무모한 영업시간을 운영하면 다음 날 컨디션이 제대로 유지될 리가 없다. 이제는 잘 쉬고 충전해서 다음 날 좋은 컨디션으로 또 가게를 운영하는 형태가 맞는 세상인 것이다. 또한, 무턱대고 24시간 영업을 하겠다고 덤빌 것이 아니라 주변 상권 분석을 통해 영업시간도 조절해야 한다. 예를 들어 내 주변이 대부분 아파트로 둘러싸인 상가 상권이라면, 저녁 11시 내외 또는 아무리 늦어도 새벽 1시까지만 장사를 하면 충분하다.

그리고 앞서 이야기한 것들보다 훨씬 중요한, 어쩌면 가장 중요한 단 한 가지로 꼽을 수 있는 능력이 있다. 바로 원하는 현실을 '이미지화하는' 능력이다. 앞서 말한 대로 실무는 미숙해도 시간이 조금만 지나면 익숙해지기 마련이지만, 내 가게를 어떻게 만들어가겠다는 그림을 그려낼 수 있는 능력은 시간이 지난다고 갖춰지는 것이 아니었다.

가게를 어떻게 만들어가겠다는 그림을 그린다는 것이 단순히 음식 구성이나 가게의 동선과 구조 같은 것을 떠올리는 것을 말하는 것이 아니다. 물론 그런 조건들을 떠올리는 것도 필요하겠지만, 그보다는 내가 어떤 식으로 고객들과 소통할지, 직원들과는 어떻게 소통할지에 대한 그림을 떠올릴 수 있어야 한다. 멈춰진 상태에 대한 것이 아니라, 변화하는 상황에 대해서도 생각해 낼 수 있어야 한다.

가장 좋은 예를 들자면, 가게 오픈 직전에 갑자기 비가 오는 상황을 떠올려보자. 일반적인 사람들은 '비가 오면 손님이 적을 텐데 어떻게 하지?'라는 생각에서 멈춘다. 그리고 오늘 장사 망했다는 푸념을 늘어놓고 하늘을 원망한다. 그리고 옆 가게에 가서 비가 오니 오늘 망했다고 서로 위로하면서 다들 똑같은 시간을 버틴다고 자위하면서 하루를 보낸다.

하지만 그런 타이밍에 '비가 오니까 오늘은 뭔가 다른 서비스를 해야 사람들에게 인상이 강하게 남겠지? 어떤 것을 하면 좋을까?' 하는 관점으로 그림을 그리는 사람들이 있다. 그 사람들이 바로 원하는 현실을 그려나가는 사람들이다.

같은 상황을 두고 손님이 적게 올 상황에 대해 두려워하는 사람과 다른 무언가를 더 해서 사람들의 마음을 얻으려는 사람 중에서 어떤 사람이 가게를 더 잘 이끌지는 자명하다. 어떻게든 긍정적으로 상황을 변화시키려 하고, 주어진 상황에서 최선을 끌어내는 그림을 그릴 수 있는 능력이야말로 음식점을 경영하려는 사람에게 가장 중요한 능력이라고 생각한다.

그렇다고 해서 흔히 말하는 '생생하게 상상하면 이루어진다.'라는 뜬구름 잡는 이야기를 하려는 것이 아니다. 생생하게 떠올린다고 해도 그것을 현실로 만드는 것은 전혀 다른 일이다. 그저 꿈꾸기만 하는 사람과 그것을 실현해내려고 어떻게든 애를 쓰는 사람은 완전히 다른 사람이다. 단지, 우리가 떠올리지조차 못하는 일은 일어나지는 않는다는 것이다. 예를 들면 비가 오기 시작했으니 고객에게 더 깊은 인상을 남기려면 젖은 옷을 닦을 수 있는 조그마한 수건을 준비하면 좋겠다고 생각하는 사람과, 비가 와도 우리 가게에는 손님이 많을 거라고 막연하게 긍정적으로 생각하는 것은 완전히 다른 일이다. 한 사람은 주어진 현실을 명확하게 인식하고, 불리한 상황을 역전시키려 최선을 다하는 사람이지만 다른 사람은 대책 없는 몽상가일 따름이다.

이런 일은 우리 회사 내부에서도 일어났었다. 일정상 직원들 두 명이 음식 사진을 찍으러 간 날이 있었다. 직원들은 밝은 촬영조건에서 사진을 찍을 생각을 하고 갔는데, 그만 비가 쏟아지는 바람에 제대로 된 사진을 찍지 못했다고 안타까워했다. 그리고 그 이야기를 들은 나는 더욱 안타까웠다. 그 당시가 늦은 봄이었고 조만간 여름이 오면 장마철이 다가올 텐데, 오히려 그 장마철을 대비하는 사진을 찍어서 다음에 활용할 수 있다면 더욱 좋았을 것이다. 그런데 현장에 간 직원들이 그 생각을 하지 못했다니. 주어진 상황에서 필요한 것을 이미지화하는 능력은 누구에게나 꼭 필요하다는 생각이 들었다.

생각하는 것과 하지 않는 것은 분명히 다르다. 하지만 생각한 것을 현실화하는 것 또한 완전히 다른 일이다. 이렇게 실제 현실에서 일어날 수 있는 상황을 머릿속으로 그려서 실천하는 능력, 이것이 성공하는 음식점 사장님들에게 가장 공통으로 나타나는 특징이었다.

마지막으로, 신기하게도 성공하는 음식점의 사장님들은 대부분 화장실 청소를 직접 하는 분들이 많았다. 처음에는 그저 우연이라고 생각했지만, 이렇게 많이 반복되는 현상은 우연일 리 없다는 것을 느꼈다. 그러고 나서 왜 사장님이 직접 화장실을 열심히 청소하는 가게들이 잘 되는지를 역으로 생각해보았다.

화장실 청소는 그 가게에 속한 사람들이 제일 하기 싫어하는 일이었다. 즉, 사장님이 솔선수범해서 가게를 챙기고 있다는 것을 가장 명확하게 보여주는 행동이었다. 단순히 말로만 이렇다 저렇다 직원들을 다그치는 것이 아니라, 묵묵히 화장실 청소를 하면서 사람들이 느끼게 하기 위함이었다. 그래서 많은 사장님이 공통으로 하는 이야기가 있었는데, 바로 화를 내고 싶거나 명확하게 전해야 할 말이 있을 때는 그 전에 화장실 청소를 먼저 한다는 것이었다. 그러면 이전보다 훨씬 더 직원들이 자기 말에 귀를 기울이게 되고, 가게 분위기가 빠르게 쇄신된다고 하였다.

성실함, 우직함, 절실함, 그리고 그 위에 더해지는 '이미지화하는 능력'이 갖추어진 사장님들은 사실 실패하기 어렵다. 그런 사람이 실패하면 대체 누가 음식점을 성공시키겠는가? 통계상으로는 오랫동안 살아남는 음식점이 10% 이내라고 하지만, 아마도 이 조건들을 모두 갖춘 분들이라면 분명히 자기 가게를 그 상위 10%에 들도록 만들 수 있을 것이라 확신한다.

자 그럼, 피할 수 없는 질문을 마지막으로 마주해보자.

"당신 성실함, 우직함, 절실함 그리고 이미지화하는 능력을 갖추었는가? 만약 갖추었다면 그 능력으로 구체화한 것들은 어떤 것들이 있는가? 만약 갖추지 못했다면, 이제 어떻게 해야 할 것인가?"

4. 마케팅은 절대 만만하지 않다

"광고비를 얼마나 써야 하나요?"

궁금한 것이 당연하다. 처음 장사를 시작하면서 꿈에 부풀고, 이 일을 잘되게 하려고 큰 다짐을 하고 없는 자금을 쪼개가면서 광고에 신경을 쓰는 상황일 것이기 때문이다. 투자하는 마음으로 흔들리는 자신을 다스리고 있는 것이 눈에 선하다.

만약 장사를 처음 시작하는 상황이 아니면 더 심란하고 심각할 수밖에 없다. 장사가 안 돼서 돈을 못 벌고, 돈을 못 버는 현실에 위기를 느껴서 찾아왔는데 광고비가 필요하다고 하니 속에 불이 날 수밖에 없다. 돈이 없는데, 돈을 써야 한다니 얼마나 심란한 상황인가. 더구나 눈앞에 앉아있는 상대를 어디까지 믿어야 하는지도 모르겠고, 어차피 쓸 수 있는 예산도 빠듯한 마당에 저 사람이 금액을 크게 부르면 도저히 못 한다고 일어서서 나가버리고 싶을 것이다. 그 복잡하고 답답한 마음을 맞은편에서 보고 있는 나라고 모르겠는가?

나도 정답을 알려주고 싶다. 하지만 그런 건 없다. 사람이 하는 모든 일에는 변수가 있기 마련이고, 변수가 생기면 그것을 해결하면서 원하는 결과를 만드는 것이 우리가 해야 하는 일이다. 계획한 바 그대로 현실이 되는 일은 아무것도 없다. 혹시나 그런 일들이 있다면, 그것은 너무 쉽거나 단순한 일이다. 마음을 담아서 하고자 하는 일들에는 언제나 어려움이 따르고 해내기 위해 큰 노력이 필요하다. 그리고 그 끝에서 원하는 결과를 얻을 수도, 그렇지 못할 수도 있다.

하지만, 우리는 전문가로서 책임을 지고 고객의 마케팅을 담당해야 하고, 그렇다 보니 최소한 지켜야 할 예의가 있다고 생각한다. 그래서 우리는 고객이 준 돈이 어디에 어떻게 쓰였는지 투명하게 공개한다. 처음 보는 사이에 우리를 믿어달라고 말하는 것은 사기꾼이나 하는 짓이라고 생각한다. 그래서 명확하게 숫자를 보여주고, 그 이후에 약속한 성과를 이루면서 신뢰를 얻는 것이 순서다.

그런 마케팅을 하면서 가장 안타까운 것은, 마케팅이라는 것이 무슨 숨겨둔 전가의 보도처럼 생각하는 것이다. 마치 휘두르면 적군들이 추풍낙엽처럼 쓰러지는 무기인 것처럼, 마케팅을 수행하는 순간 매출이 쭉쭉 올라갈 거라는 환상을 품고 있다. 물론 그렇게 될 거라면서 솔깃한 이야기를 하면서 돈을 달라고 하는 업체들이 있다. 그러면 그 이야기에 혹해서 달라는 대로 돈을 주고, 이후에 원하는 결과가 나오지 않아 당황하는 경험을 하는 것이 일반적인 현실이다. 내가 대학생 때 당했던 것도 결국 같은 상황이었다. 마음이 급하면 그런 말들에 속아 넘어갈 수밖에 없는 안타까운 현실이다.

앞으로 누군가를 만나서 마케팅을 진행하려고 한다면 한가지는 꼭 기억해야 한다. 마케팅은 절대 매출을 보장해주지 않는다. 마케팅의 역할은 내 가게를 세상에 '노출'하는 것이다. 다시 말하지만, 매출이 아니라 노출이다. 어느 곳에 가면 이런 음식을 파는 가게가 있다는 것을 고객이 알게 하는 것이다.

만약 당신이 프랜차이즈 가게를 한다면 세상에 우리 가게를 알려야 할 필요가 없다. 사람들이 내 가게에서 무엇을 파는지, 그리고 어떤 맛을 내는지까지도 이미 잘 알고 있다. 이것이 브랜드파워인 것이다. 괜히 프랜차이즈 비용을 내가면서 가맹점을 하는 것이 아니다. 그러니 나만의 가게를 한다면, 그만큼의 비용은 광고와 마케팅에 투자할 생각을 해야만 한다. 옆의 프랜차이즈는 본사에서 열심히 광고하고 있다. 그것도 심지어 TV와 같이 우리는 시도조차 할 수 없는 큰 규모의 광고를 하고 있다. 그렇다면 당신은 그 프랜차이즈 가게가 본사에 지급하는 정도의 비용은 광고에 써야 최소한의 경쟁이 되지 않을까?

일단 가장 기본적인 가이드라인을 한 번 정해보자. 상권에 따라, 메뉴에 따라 다 다르겠지만 일단 가게를 오픈한 초반이라면, 100만 원 ~150만 원 정도의 비용으로 일단 광고를 해보는 것을 추천한다. 그 이후에 효과를 따져보아야 한다. 페이스북, 인스타그램, 네이버 등에 광고를 해보고 어떤 광고가 얼마나 효율적인지를 체크해야 한다. 다음에는 매출에 맞춰서 광고비를 조정해나가는 것이 일반적이다. 그리고 매출의 규모가 커짐에 따라서 10%, 7%, 4~5% 정도의 순으로 광고비를 줄여나가되, 최소 4% 정도의 광고비용은 유지하는 것으로 보면 좋겠다.

그리고 무엇보다 중요한 것은 광고하는 타이밍이다. 가게를 오픈한 지 얼마 되지 않아서 사람을 모으는 시기에 광고에 힘을 실어야 한다. 흔히 말하는 골든 타임은 가게를 오픈하고 나서 6개월 이내라는 것을 잊지 말자.

만약, 마케팅을 꼭 해야겠는데 도저히 외부에 맡길 수 없어서 직접 마케팅을 해야 한다면 일단 이 내용을 기억해야 한다.

온라인 마케팅이란 결국 어떤 플랫폼을 통해서 내 가게와 음식을 알리고, 사람들이 검색을 통해 찾아오도록 만드는 일이다. 그렇다면 일단 사람들이 가장 많이 쓰는 플랫폼에서 활동을 해야 한다. 그리고 검색시장의 경우 최근 인스타 등의 플랫폼이 그 영역을 넓혀가고는 있지만 아직도 한국에서는 네이버가 이용률 측면에서 압도적인 1위이다.

그렇다면 네이버에서 검색하는 사람들이 당신의 가게를 찾게 하려면 어떻게 해야 할까? 일단 네이버 플레이스에 당신의 가게와 관련 있는 키워드를 포함해서 광고를 시작해보자. 물론 당신이 있는 곳이 암사동이고 고깃집을 한다면, 암사동과 고깃집을 키워드로 사람들에게 검색당하고 싶을 것이다. 하지만 그 조합의 키워드는 암사동에 있는 모든 고깃집이 원하는 조합이기에 내 것이 되기 어렵다. 연간 매출이 몇 억씩 되는 매장도 그 키워드는 가지고 싶을 것이기 때문이다.

그런 불리함을 극복하고라도 당신의 가게가 네이버 상위에 노출되려면 어떻게 해야 할까? 첫 번째 방법은 사람들이 당신의 브랜드를 찾아오면 인기가 높은 것으로 인식돼서 상위에 노출이 된다. 또는 네이버에 돈을 내거나 아니면 그들에게 도움이 되는 브랜드를 앞세운다. 그렇다면 당신이 돈 들이지 않고 할 수 있는 유일한 방법은 바로 이것이다.

당신의 가게에 찾아온 사람들에게 어떻게든 네이버 검색을 해달라고 부탁하고, 가능하다면 저장과 공유도 할 수 있도록 매달려야 한다. 물론 이것이 공짜로 되는 일은 아니다. 고객은 혜택이 없으면 그런 행위를 절대 하지 않는다. 따라서 선물도 준비하고, 최대한 친절하게 하고 서비스 음식도 준비하고 하면서 고객들이 찾아와서 네이버 플레이스 지수를 높여야만 한다. 물론 바빠 죽겠는데 검색까지 하도록 어떻게 만드냐고 하고 싶을 것이다. 재료 준비에, 홀 서빙에, 카운터 관리에 요리까지 해야 하는 데 대체 누가 그런 일을 할 수 있냐고 소리치고 싶은 마음 이해한다.

하지만, 지금 내가 하지 않으면 언제 누가 해 줄까? 그 답은 당신이 찾아야 한다. 만약 그 일을 대신에 해 줄 누군가가 있다면 그 사람에게 당장 이 일을 하도록 해라. 하지만 없다면, 그리고 외부에 맡길 상황도 안된다면, 당신이 직접 하는 수밖에 없다. 왜? 당신이 이 가게 사장이니까.

그리고 여기서 끝이 아니다. 기껏 열심히 사람들이 검색하도록 만들었는데, 검색해서 들어온 네이버 플레이스가 제대로 관리가 되어 있지 않으면 역시나 꽝이다. 광고만 열심히 하고 매출로 전환이 되지 않는 상황이 벌어지는 것이다. 그러니 제발 다른 유명한 가게의 네이버 플레이스 구성을 살펴보라. 그리고 사람들이 사고 싶은 마음, 찾아오고 싶은 마음이 들도록 페이지를 구성해야 한다.

언제나 그랬듯 장사는 정말 어려운 일이다. 만만하게 보고 쉽게 덤벼들 일이 아니다. 하지만 이미 시작했다면, 그리고 어떻게든 혼자서 해결해보고 싶다면 지금 해 준 이야기를 잊지 말기를.

5. 아이디어는 뺏고 뺏기기 마련이다

　한 지역 시장 활성화 이벤트에 참여한 적이 있다. 지역 개발사업의 일환이었고, 참여를 통해서 지역 먹거리 시장의 활성화에 도움이 될 수 있다면 좋겠다는 마음에 시작한 일이었다. 다만, 결코 손해를 볼 생각은 없었다. 마케팅 회사이면서 이번에는 직접 런칭한 먹거리를 통해서 어떻게든 성공시키겠다는 마음이었다.

　우선 함께 협업을 진행할 가게를 구해야 했다. 어떤 아이템이 좋을지 많이 고민한 끝에 애플파이와 쿠키를 파는 맛집과 손을 잡았다. 이렇게 투자자로서 우리 회사는 한발 더 나아갔다. 투자자로서의 도전은 처음이었으니 얼마나 성공시키고 싶었는지 모른다.

　꼼꼼한 준비와 함께 해 주시는 애플파이 가게의 사장님 도움으로 가게는 빠르게 자리를 잡았다. 다양한 맛의 애플파이가 모두 사랑받았고, 중간 목표치가 달성될 때마다 다 같이 기뻐했던 기억이 선하다. 다만, 곧 안타까운 현실을 맞이해야 했다.

　우리가 준비한 아이템인 애플파이가 워낙 잘되어서인지 주최 측에서도 관심을 가지기 시작했다. 그리고는 시장 내에 자기들만의 브랜드로 애플파이 가게를 하나 런칭해버렸다. 우리와 비슷한 시스템으로 구성을 하되, 큰 회사의 장점을 충분히 발휘해서 원재료를 우리보다 싸게 공급받을 힘이 있었다.

그리고 그 재료들을 가지고 단 한 종류의 애플파이만 판매하는 방식을 취했다. 그렇게 되면 한가지 메뉴만 만들 수 있는 인력만 있으면 되니 초보 인력도 금방 일에 익숙해지고 맛의 퀄리티를 유지할 수 있다. 그리고 외부에서 내부 조리하는 과정을 훤히 볼 수 있는 오픈 키친의 형태를 취하면서 장비들을 정말 깨끗하게 관리하는 모습으로 신뢰를 얻었다. 그리고 마지막 결정타는 가격이었다. 인건비를 줄이고, 원재료 가격을 낮게 납품받을 수 있으니 애플파이의 가격이 우리보다 약 25% 저렴했다.

그러니 자연적으로 가격에서 밀릴 수밖에 없었다. 물론 그렇다고 해도 가게가 충분히 잘되는 편이기는 했지만, 똑같은 애플파이 가게가 지척에 생긴 마당에 매출에 타격이 없을 수는 없었다. 그렇다고 어디 항의할 곳이 있는 것도 아니었고, 우리 아이디어를 빼앗아 갔다고 하소연할 곳도 없이 한동안 속앓이를 했던 기억이 있다.

이렇듯 좋은 아이디어는 누군가에게 뺏기기 마련이다. 세상에 내어놓고, 그것을 누군가가 본다면 우리보다 더 좋은 방법 또는 더 저렴한 방법으로 아이디어를 현실화할 수도 있다. 그러니 세상에 보여준 그 순간부터 그 아이디어는 내 것이 아닌 셈이다.

돌이켜보면 내가 배운 모든 것도 같은 방식이었다. 누군가가 아이디어를 낸 방법들이 사람들 사이에 알려지고, 그것을 가지고 다음 사람을 통해 한 단계 더 깊이 생각하는 방식으로 진화해 왔을 것이기 때문이다.

그런 것들을 배우고 적용하면서 우리 회사도 여기까지 온 셈이니 딱히 억울해할 필요는 없는 것이었다. 어쨌든 애플파이 가게는 잘 되고 있고, 우리는 또 다른 아이템과 또 다른 분야에서 사업을 확장하면서 우리의 울타리를 늘려가면 되기 때문이다.

여러분도 마찬가지다. 다른 사람들의 사업 아이디어를 적극적으로 반영해서 당신의 가게에 도움이 될 수 있도록 하면 된다. 완벽하게 똑같이 하라는 것이 아니다. 어떤 형태로든 자기 나름의 아이디어를 더해야만 매력적인 상품이 된다. 레시피든 네이밍이든 아니면 원가를 절감하여 가격경쟁력을 확보하는 방식이든 말이다. 앞에 이야기한 애플파이도 상대방은 같은 방식을 택한 것이고, 큰 효과를 본 셈이 된다.

철판구이를 도입하고 싶다면 단순한 철판이 아니라 깨끗한 자갈을 달궈서 철판 위에 올리는 형태를 취한다든지, 아니면 철판 자체를 다른 형태로 만든다든지 하는 방식으로 차이를 줄 수 있다. 삼겹살을 팔더라도 화덕에서 초벌을 할 수도 있고, 볏짚으로 초벌을 할 수도 있으며, 항아리를 오븐처럼 활용하는 항아리 초벌구이 삼겹살을 할 수도 있다. 그 어떤 방식이던지, 그 방법이 좋아 보인다면 당신의 아이디어를 더해서 당신만의 요리방식으로 만들어내면 그만이다.

이 방식을 적용하면 당신은 점점 더 다양한 블루오션을 가지게 된다. 이미 말했듯이 블루오션을 찾으려고 하지 마라. 당신이 만들어 내기가 훨씬 쉽다. 특히나 음식과 관련해서는 완벽하게 새로운 형태의 음식은 존재하지 않는다. 한국의 양념치킨이 전 세계를 강타할 수 있는 이유는 그들에게 익숙한 치킨이라는 아이템을 매콤달콤하게 비틀었기 때문이지, 완전히 새로운 음식이었기 때문이 아니다.

그리고 이제 그 치킨이라는 음식은 고추 치킨, 마늘 치킨, 파닭, 간장 치킨 등등으로 수많은 파생이 이루어지고 있다. 튀김의 느끼함을 잡아주기 위한 방식으로 발전하거나, 매콤달콤한 양념에서 벗어나 달고 짠 양념으로 변화를 준 것이다. 최근 등장하는 온갖 또 다른 형태의 변화들 모두가 치킨으로 블루오션을 만들고 나와서 가격 경쟁에서 자유로워지고자 하는 시도이다. 당신의 음식도 그들과 똑같은 방식으로 비틀고 변화시켜서 세상에서 경쟁해야 살아남을 수 있다는 것을 기억해야 한다.

이 아이디어를 확장하면 당신이 원하는 가격 인상의 방법도 충분히 찾을 수 있다. 예를 들어 가게를 하다 보면 당연히 식자재값이 올라서 수익 관리가 어려워질 수 있다. 그럴 때는 거래처를 바꿔본다든지, 식자재를 좀 더 싼 재료로 변경하는 방법을 고민하게 되는데 이것은 정말 최후에 시도해야 할 방법이다. 음식의 질이 떨어지는 것은 당연히 기존의 고객들에게 민감하게 다가올 일이며, 오랜 기간 동료로서 관계를 맺어 온 거래처를 쉽게 바꾸는 것도 이후에 또 다른 문제가 생길 가능성이 큰 결정이다.

우리가 추천하는 방법 첫 번째는 다른 가게 대비 우수한 측면을 자세히 알리는 것이다. 가게 대부분은 그냥 메뉴 이름만 적고 가격을 표시하지만, 당신의 가게에서는 훨씬 더 재료에 대한 정보를 많이 얻을 수 있다면 된다. 재료에 대한 믿음은 곧 높은 가격에 대한 정당한 이유가 되기 때문이다. 우리 집 고기와 함께 나오는 양파장아찌는 무안 햇양파라는 것을 알리고, 요리에 사용되는 고추장은 마트에서 사 온 순창고추장이 아니고 순창에 있는 할머니 댁에서 담근 고추장인 것을 알려줘야 한다. 위에서 말한 애플파이 경쟁업체의 경우에는 오픈 키친에서 청결에 철저하게 신경을 쓰고 있다는 것을 은연중에 광고하면서 사람들의 신뢰를 얻어냈다. 이렇듯 어떠한 요소이든 우수한 것이 있다면 고객이 알도록 보여주는 것, 이것이 요점이다. 다른 가게에서 이렇게 사용한 사례를 본다면 얼른 가져와서 당신의 가게에도 적용할 수 있도록 하자.

두 번째 방법은 음식의 구성 요소를 바꾸는 방법이다. 만 원하던 닭갈비의 가격을 만 이천 원으로 올리기 위해서 치즈를 뿌리거나, 우동 사리를 기본 토핑에 넣어주는 등의 선택을 하는 것이다. 아니면 이 전에 없었던 식전 빵이 추가되기라도 해야 한다. 이렇듯 무언가 변화한 것이 있어야 하고, 그 변화가 긍정적으로 인식되어야만 가격 인상에 대해 고객의 동의를 얻을 수 있다.

세 번째 방법은 이전에 없던 메뉴를 만드는 것이다. 어쩌면 이 방법이 가장 창의적인 아이디어가 필요할 것이다. 하지만 이 역시도 다른 분야에서 적용된 방식을 재접목 시키는 것으로 충분히 가능하다. 로제 소스가 인기를 끌자 로제 떡볶이와 로제 짬뽕도 탄생했고, 탕수육과 피자를 함께 맛볼 수 있게 하려는 시도 끝에 느끼함까지 잡아주려고 김치 피자 탕수육이라는 메뉴까지도 만들어졌다. 치즈돈가스는 더욱 발전하여 치즈퐁듀돈가스나 치즈명란돈가스가 되기도 했다. 설렁탕과 유사한 차돌탕은 훨씬 높은 가격을 받는다. 즉 이전에 잘 접해보지 못한 음식 조합을 만들어서 최초 메뉴 개발자가 되면 이 역시 충분히 가격 인상의 요소가 된다. 다른 곳에 없는 음식이니 가격 정책의 제한을 받지 않기 때문이다.

아이디어는 원래 뺏고 빼앗기는 것이다. 다만, 누군가의 아이디어를 가지고 올 때 당신만의 색깔을 더하면 그만이다. 그 음식은 그때부터 나만의 요리가 되어준다. 이렇게 만들어진 메뉴가 곧 마케팅의 중요 포인트가 되기도 함을 꼭 기억하길 바란다.

6. 첫인상 3초. 거기서 승부가 난다

마케팅하면서 가장 탄복할 때는 멋들어진 문구가 만들어질 때이다. 같은 이유로 짧지만 강렬한 인상을 남기는 시를 만나게 되면 그때마다 감탄사를 연발하게 된다. 그중에 가장 대표적인 시는 나태주 시인의 '풀꽃'이다. 그중에서도 '자세히 보아야 예쁘다'라는 말을 혼자서 중얼거릴 때가 많다. 그리고 그것이 마케팅하는 사람에게는 숙제와도 같은 이야기다.

고객은 맛있는 음식을 만나면 금세 사랑에 빠지는 바람둥이다. 맛있는 음식인지는 실제 먹어봐야 아는 문제이지만, 우리의 고객은 이미 그 전부터 사랑에 빠지는 경향이 있다. 무엇을 통해서? 바로 음식의 모양새다. 첫눈에 누군가에게 사랑에 빠지는 데 7초가 걸린다는 말이 있는데, 음식의 경우에는 단 3초면 결판이 난다. 그 3초 동안 음식을 본 사람이 관심을 끌게 만들어서 자세히 들여다보도록 해야 한다. 이 음식이 얼마나 맛있을 것인지를 머릿속에서 상상하면서 자세히 바라보도록 유도해 내야 한다는 말이다.

현재 우리가 사는 세상은 설명이 필요 없다. 사진과 동영상으로 보여준다. 말 그대로 백문이 불여일견이다. 예뻐서 SNS에 올라올 정도의 음식이면 이미 맛있는 음식이라고 의식하고 있고, 무엇보다도 어떤 음식이 맛있는지 아닌지에 대한 기준이 없는 채로 남들이 맛있다고 하는 음식은 그저 맛있는 줄 알고 따르는 사람들도 많다.

한 번은 젊은이들이 줄을 서서 먹는다는 감자탕 식당을 간 적이 있다. 어마어마하게 넓은데도 점심시간에는 30분 이상 웨이팅이 기본인 집이었다. TV에도 나오고 해서 인기가 하늘을 찌른다고 했는데, 막상 들어가서 먹어보니 어이가 없었다. 미리 삶아둔 고기에 따로 육수를 부어서 대충 데워서 나오는 상황이었다. 국물도 따뜻하지 않고, 고기는 뼈가 잘 발라지지 않아 먹기 힘들었다. 대체 왜 이 가게가 감자탕 맛집으로 소문이 나는지 당최 이해할 수가 없었다. 오죽하면 그 이후에 추가로 한 번 더 방문해서 정말 지난번의 경험이 한 번의 실수가 아니라 원래 그런 가게인지 확인까지 할 만큼이었다.

 하지만 그 다음번에도 똑같은 경험을 했고, 그 가게는 다시 가지 않는다. 그리고 그 가게 앞에 줄 서 있는 사람들을 보고 얼마나 답답했는지 모른다. 정말 맛있는 감자탕이 어떤 것인지 모르니, 유명인이 맛있는 감자탕이라고 했다고 해서 이 가게 맛을 감자탕의 기준으로 삼고 있는 거라는 생각이 들었다. 입맛에까지 인플루언서의 권위가 먹히는 세상인 것이다.

 자 그렇다면 어떻게 해야 사람들이 당신의 음식을 더 맛있을 거라고 느끼게 할까? 그리고 인플루언서들이 사진을 올리게 만들 수 있을까? 첫 번째 방법은 의외로 간단하다. 말 그대로 음식이 더 가까이 자세히 보이도록 만드는 것이다. 즉, 당신이 내어놓는 메인 음식의 높이를 다른 곁들임 음식들과 다르게 하는 것이다. 음식과 눈의 거리를 가깝게 할수록 그 음식은 맛있어 보이는 원리다. 높이는 약 4~5cm면 충분하다. 그래서 전골류의 음식을 낼 때는 오히려 휴대용 가스레인지를 두고 그 위에 올려주는 것이 더 먹음직해 보일 때도 많다. 만약 그런 종류의 음식이 아니라면, 메인 접시 아래에 받침대든 무엇이든 높이를 높일 수 있는 도구를 활용하자. 못 미덥다면 당장 손님상에 앉아서 같은 음식을 높이를 달리해서 그 차이를 느껴보면 된다.

 비슷한 방법으로, 길쭉한 형태의 음식일 경우에는 세로로 세워서 손님상에 내놓는 방법이 있다. 광어, 우럭과 같은 생선을 통으로 튀긴 음식을 마치 하늘로 날아 올라가는 것처럼 서빙하는 가게는 사람이 들끓는다. 같은 생선튀김이어도 사람을 압도시키는 힘이 있다. 만약 갈치를 통으로 구워서 세로로 손님상에 낼 방법이 있다면-물론 손님 앞에서 눕혀서 해체를 해야 하긴 하겠지만- 그 가게도 큰 성공을 거둘 수 있을 것이다. 이처럼 시각적으로 초점이 가깝게 음식을 배치하는 기술을 활용할 수 있어야 한다.

두 번째 방법은 수단과 방법을 가리지 않고 지금보다 예뻐 보이게 만드는 방법이다. 이렇게 이야기를 하면 사장님들은 그걸 모르는 사람이 어디 있느냐고 반문한다. 그렇게 할 시간과 인력이 없어서 못 하지 마음이 없는 사람이 누가 있겠냐고 하는 경우가 많다. 오해하지 않았으면 좋겠다. 별도의 인력이나 담음새를 예쁘게 할 시간을 더 들이자는 이야기가 아니다. 일단 고객의 처지에서 생각해보자는 것이다. 음식이 맛있어도 모양새가 엉성하면 가격 대비 별로인 것처럼 느껴질 가능성이 크다. 지금 구성을 바꾸지 않고 되도록 아름답고 단아한 느낌이 들도록 바꾸는 것을 목표로 하면 된다.

여기에서의 핵심은 그릇에 달려 있다. 단순히 천편일률적인 멜라민 그릇에 똑같이 줄 세워서 내놓지만 않으면 된다. 나무 그릇, 대나무 소쿠리 같은 것들을 활용하면 별다른 인력과 시간이 없이도 이전보다 더 아름답게 보일 방법들은 얼마든지 있다. 심지어는 멜라민 그릇을 대나무 소쿠리에 담아서 내는 것만으로도 다른 느낌을 준다. 또는 밥을 담는 용기도 단순한 스테인리스 공기가 아니라 스테인리스 사각 도시락통을 활용할 수 있다. 그리고 그 안에 옛날 소시지 두 쪽과 계란후라이가 들어있다면, 그 밥은 천원이 아니라 이천 원을 받아도 그걸 사 먹으려는 사람들이 더 많지 않을까? 이렇듯 그릇만 일부 변화를 줘도 생각보다 큰 성과를 얻을 때가 의외로 많다.

다음은 마케팅을 위한 사진에 관한 이야기를 해보자. 사진이라고 말하긴 했지만, 사진과 동영상을 모두 포함해서 생각하자. 그 사진과 동영상이 당신의 네이버 플레이스에 올라가고, 메뉴판에 보이고, 가게 유리창에 붙어 있어야 할 바로 그 대상이다.

우선, 한가지 인식 변화를 해야 한다. 당신의 음식보다 사진으로 보이는 음식이 더 맛있어 보여야 한다는 것이다. 그건 거짓말 아니냐 하겠지만 절대 그렇지 않다. 당신이 어떤 식으로든 광고를 보고 그 제품을 샀을 때, 실제 광고에서 본 것과 당신이 받은 제품이나 음식이 같은 느낌이었나? 그렇지 않다. 하지만 그 누구도 그에 대해서 이의를 제기하지 않는다. 좋은 이미지가 머릿속에 남아있고, 음식은 높은 칼로리로 그 기대를 채워주면 문제가 될 것이 없다.

그러니 사진이 정말 최고로 맛있어 보이게 나와야 한다. 마치 우리가 주민등록증이나 여권과 같은 증명사진을 찍을 때 최대한 꾸미고 밝은 조명 아래에서 찍고 나중에 보정까지 하듯이, 당신의 음식도 그 과정을 거쳐서 최고의 상태로 고객의 눈에 들어야 한다. 기왕이면 다홍치마, 아마도 세상살이에 당연한 이치일 것이다. 그렇게 하지 않아야 하지만,

많은 경우에 외모가 출중한 사람들에게 눈이 더 많이 가는 것은 어쩔 수 없는 현상이다. 어떤 동물이든 그 집단 내의 평가 기준에서 더 뛰어난 외모를 가진 유전자가 살아남아 왔기 때문이다.

특히나 SNS가 커뮤니케이션의 정점에 자리 잡은 이후, 세상의 모든 아름다운 것들이 우리의 시야에 넘쳐나고 있다. 사람, 동물, 풍경 등 그 어떤 것이든 보는 사람의 시야를 붙잡아둘 수 있는 것이라면 수많은 '좋아요'를 받는 세상인 것이다. 그리고 당연하게도, 우리가 팔고자 하는 음식도 비주얼에 살고 비주얼에 죽는 세상이 되었다. 이제는 비주얼이 품질 평가 요소의 하나가 되었다고 해도 과언이 아니다.

그런 사진을 만들기 위해 첫 번째로 신경 써야 할 것은 바로 '빛'이다. 우리의 유전자에는 빛이 없으면 위험하고 불안해지도록 느끼게 하는 본능이 새겨져 있으므로 최대한 밝은 느낌을 줄 수 있도록 해야 한다. 그리고 이렇게 빛이 밝아서 음식에서 반사되는 부분이 늘어날수록 그 음식의 입체감이 살아나고, 이는 곧 더 맛있어 보이는 효과로 이어진다.

추가로, 음식이 가장 맛있는 온도기 느껴지도록 해야 한다. 물회는 차가운 살얼음이 녹아내리는 순간을 담은 사진을, 해물탕은 국물이 펄펄 끓어오르는 순간을 담아야 한다. 이 온도를 표현해야 사람의 머릿속에는 그 음식을 먹는 순간의 경험이 떠오르게 된다. 입안으로 퍼지는 식감과 향이 떠오르면, 이 음식을 먹어야겠다는 결정이 내려지기 쉽게 되는 셈이다.

그리고 마지막으로는 생동감 있는 순간을 담아야 한다는 것이다. 기왕이면 펄펄 끓는 해물탕 사진을 찍을 때 낙지가 꿈틀거리는 느낌이 함께 담기면 좋겠다. 라면을 끓인다면 면발을 크게 한 젓가락 들어 올린 사진이어야 한다는 것이다. 이렇듯 빛, 온도감, 생동감이 함께 느껴지면 가장 좋은 사진이 된다.

이렇게 찍은 사진, 단순히 온라인 광고에만 사용하는 것은 너무나 아깝다. 당신의 메뉴판에도 이런 사진들을 배치해서 사람들이 눈으로 먼저 먹어볼 수 있게 만들어야 한다. 그리고 요즘에는 메뉴판이 아니라 전자기기를 통해서 메뉴 주문을 받을 수 있는데, 가능하다면 클릭하는 순간에 그 음식의 영상이 보일 수 있다면 더욱 좋을 것이다. 당신의 가게에 들어왔는데, 메뉴판 기기에서 해물탕에 라면 사리를 넣어 끓이는 영상을 본 고객이라면 아마 그 메뉴를 시키지 않고는 못 배길 가능성이 크다. 그리고 이 영상들은 온라인상에서 당신의 가게를 소개할 때 꼭 활용하자. 가게를 찾는 사람들이 훨씬 늘어날 것이다.

그러니 당장 주요 메뉴들에 대한 사진과 영상을 찍는 것에 심혈을 기울이자. 전문가를 고용한다면 좋겠지만, 그렇지 못하다고 해도 당신이 최선을 다해 그 자료를 만들어야 한다. 만드는 과정은 복잡하고 귀찮겠지만, 그 결과물은 분명히 당신을 웃게 만들어줄 테니까.

7. 혁신 말고 차별

혁신이라는 단어는 참 많은 곳에서 보인다. 총선이나 대선을 앞둔 정치권에서 밤낮으로 외치는 말이기도 하고, 우리 같은 마케팅을 하는 사람들도 많이 쓰는 단어다. 광고도 교육도 모두 다 혁신을 외치다 보니 대한민국이라는 나라가 일 년 내내 혁신을 하는 중이라고 봐도 무방할 정도인 듯하다.

무언가를 고쳐서 새롭게 한다는 좋은 뜻을 가지고 있다 보니, 음식점을 새로 여는 분들, 또는 마케팅을 해보려는 기존 가게의 사장님들도 모두 혁신해야 살아남는다는 표현을 입에 달고 산다. 과연 그분들은 혁신이라는 말의 제대로 된 의미를 알고 쓰는 것일까?

혁신이란 단어의 한자 뜻을 풀어보면, 가죽을 새롭게 한다는 것이다. 뼈만 빼고 모든 것을 다 바꿔내는 것이 혁신이다. 생 살갗을 벗겨내는데 아프지 않을 도리가 없다. 평생 한 번 할 수 있을까 말까 한 일인데, 다들 툭하면 이 단어를 꺼내 든다. 진지하고 비장한 척하지만, 그만큼의 아픔을 잠아낼 준비는 되이 있지 않으면서 입으로만 외치는 현실이다.

혁신이라는 것은 변화를 바탕으로 한다. 그리고 마케팅 측면에서 변화는 세 가지 카테고리에서 생각할 수 있다. 핵심 요소와 그 핵심 요소를 바탕으로 한 상품, 그리고 부속상품의 영역이다. 예를 들어 감기약이라면 약의 효과나 효과가 발현되는 속도가 핵심 요소가 되고, 이 약을 액상 형태로 만들었는지 아니면 알약의 형태로 만들었는지를 가지고 상품이 만들어진다. 포장이나 약의 상표명 같은 것들도 상품의 구성요소에 해당한다. 그리고 마지막으로 편의점에서도 구할 수 있다던가, 스틱형 파우치 같은 곳에 약을 담아서 물 없이 편하게 먹을 수 있게 한다던가 등의 서비스가 부속상품 요소가 될 수 있다.

우리가 말하는 혁신이라는 것은 원칙적으로는 세 가지를 한 번에 새롭게 바꿔낸다는 것이다. 하지만 이러한 변화가 비현실적이어서 단 한 가지만 바꿔야 한다면, 핵심 요소에서의 탁월함이 있어야 한다. 감기약으로 치면 약효가 경쟁업체 대비 좋던가, 효과 발현 시간이 짧던가, 약효의 지속시간이 더 긴 제품이 만들어져야 한다. 하지만 이런 상황은 거의 발생하지 않는다. 그렇다면 같은 효과를 내면서 가격이 경쟁자 대비 저렴해야 한다. 즉, 지급한 금액 대비 받아가는 이익, 곧 가치가 높은 상품을 내놓을 수 있어야 한다.

그리고 핵심 요소에 대한 탁월함이 갖춰진다고 해서 반드시 성공하는 것도 아니다. 예를 들어 셀프 주유소의 사례가 있다. 휘발유나 경유는 정품만 사용한다면 어느 정유사의 제품이건 자동차를 운행하는 데 부족함이 없다. 즉, 같은 상품을 판다고 보면 되는 셈이다. 그렇다면 주유소 사업의 핵심 요소는 판매 가격과 입지이다. 주유해야 하는 시점에 가까운 위치이거나 또는 저렴한 가격으로 파는 곳 중에서 의사결정을 하기 마련이다.

물론 여기서도 부속상품 영역의 변수는 있다. 방문할 때마다 물이나 휴지를 잘 챙겨주는 서비스가 좋아서 간다든지, 아니면 좋은 세차시설이 있어서 주유 후 세차할인을 받고자 가는 것도 가능하다. 하지만 역시나 이런 것들은 부차적인 요소들일 뿐, 주유소 매출에 가장 중요한 요소는 판매 가격과 입지로 귀결된다.

셀프 주유의 개념은 똑같은 상품을 두고 인건비를 줄여서 더 저렴하게 파는 형태로 핵심 요소를 탁월하게 바꾸는 혁신이었다. 실제로 2010년에 3% 남짓이었던 셀프 주유소는 현재 52%까지 높아졌다. 인건비가 지속해서 높아지는 가운데 이 변화는 당연한 대세가 된 셈이다. 같은 이득을 낮은 가격에 얻을 수 있다면 누가 마다하겠는가.

하지만 셀프 주유소가 도입되던 초기에는 생각보다 실패하는 사람이 많았다. 고객들이 직접 주유하는 것에 대해 거부감을 가지고 있었기 때문이다. 당연하게 받던 서비스라 인식되었던 요소가 없어졌으니 고객 관점에서 쉽게 익숙해지지 않았다. 핵심 요소의 변화가 있었지만, 부속 상품의 영역인 서비스가 악화하면서 반감을 산 형태다. 물론 시간이 흐르고, 사람들의 인식이 바뀌고 나시는 일반 주유소는 더는 경쟁을 이어가기 어려운 상황으로 변했지만, 그 기간을 버티지 못한 셀프 주유소는 주저앉고 말았다. 이렇듯 변화가 받아들여지는 타이밍, 즉 환경의 영향에 따라 혁신이 이루어지지 못할 수도 있다.

그렇다면 음식점 사업은 어떨까? 단언컨대 혁신이라는 단어와 가장 동떨어진 분야다. 어떤 음식이든 이미 그 음식으로 유명한 선두주자가 몇십 년째 지위를 유지하고 있고, 그 맛과 비슷할수록 살아남기 유리한 체제다. 냉면을 먹을 때 내가 지금 먹은 냉면이 유명한 어느 가게와 비슷한 맛이라면 오히려 고객은 이 음식을 더 신뢰하기 마련이다. 또한, 반대로 내가 어떠한 새로운 맛을 창출해낸다고 하더라도 수많은 유사 음식점들이 생겨나서 경쟁이 치열해지기 마련이다. 찜닭이 처음 대중들에게 유명해질 때는 엄청나게 사람들이 몰렸지만, 이내 유사 음식점들이 우후죽순처럼 생겨나면서 다 고만고만한 가게들이 되어버렸다. 우리 회사에서 시도했던 애플파이 가게 역시도 비슷한 상황을 겪고 있는 셈이다. 우리와 유사한 애플파이 가게가 같은 상권이 들어섰지만, 완전히 똑같은 음식이 아니니 별도의 제재를 가하거나 할 수 있는 상황이 아니다. 특히나 음식 장사에서 이런 상황은 자주 일어나기 마련이다.

그래서 우리가 지향해야 할 변화의 방향은 혁신이 아니라 차별화이다. 혁신과는 달리 차별화는 지금보다 조금 다른 것, 남들보다 조금 다른 것이면 충분하다. 그리고 그 변화는 절대 핵심 요소에서 이루고자 하면 안 된다. 물론 시도해 볼 수는 있겠지만, 음식의 맛을 지금보다 더 낫게 끌어올린다는 것은 너무나 성공확률이 낮은 일이다. 이미 수많은 준비 끝에 시작한 가게의 대표 음식을 더 맛있게 할 수 있다면, 이미 준비 단계에서 해냈을 것이기 때문이다.

그렇다면 우리가 바라봐야 하는 부분은 바로 핵심 요소를 바탕으로 한 상품이다. 앞서 이야기했던 몇 가지 사안이 여기에 해당한다. 음식을 담는 그릇에 변화를 준다든지, 음식이 눈에 더 가까이 보이도록 배치한다든지 하는 것이다. 그 외에도 음식 포장을 위한 용기를 개발하여 따뜻한 음식은 그 온도를 유지할 수 있도록 하는 방식과 같은 차별화가 여기에 해당한다.

물론 비슷한 아이디어를 음식 자체에 반영할 수 있다. 예를 들어 음식의 판매 가격을 높이고 싶을 때, 대표 메뉴의 가격을 이유 없이 올리면 고객의 저항에 부딪히게 된다. 이럴 때는 메뉴 구성에 변경을 주는 방식으로 차별화를 추구해야 한다. 제육볶음에 함께 내주는 밥을 공깃밥에서 돌솥밥으로 바꾼다든지, 쌈 채소를 갖춰서 제육 쌈밥의 형태로 변경하는 방식이다. 아니면 기존에 제공하던 제육볶음이 매콤한 스타일이었다면, 매콤한 제육볶음과 간장 베이스의 단짠 스타일의 제육볶음을 반반 나눠서 제공하는 것이다. 손이 조금 더 가는 수고로움은 있겠지만, 이런 변화로 인해 가격이 올라가는 것은 고객도 큰 거부감 없이 받아들이기 쉽다.

아니면 대표 메뉴와 곁들임 메뉴의 콜라보를 구성해서 두 개를 별도로 시키는 것보다 한 세트로 만들어서 가격을 할인받는 느낌을 주는 방법도 좋다. 원래는 제육볶음 만원에 계란찜을 별도로 시키면 3천 원이었는데, 제육볶음 세트(제육볶음 + 계란찜)를 시키게 되면 만 이천 원에 먹을 수 있도록 해서 할인받는 것 같은 느낌을 받도록 하는 것이다.

마지막으로 부속상품의 영역에 대해서 생각해보자. 사실 여기는 언제나 끊임없이 개선할 수 있는 요소들이 나오기 마련이다. 어떤 시도이건 고객의 기분을 좋게 하는 방법이라면 모두 적용될 수 있기 때문이다. 고객이 문 열고 들어올 때 밝고 활기찬 목소리로 인사를 한다던가, 소주를 다른 곳보다 천원 비싸게 받는 대신 로또를 한 장 함께 준다든지 하는 아이디어들은 모두 여기에 해당할 수 있다.

혁신이라는 단어는 멋있고 화려하지만, 우리에게 어울리는 단어는 아니다. 우리는 단계별 차별화를 통해서 앞으로 나아가야 한다. 지금 있는 현실에서 조금씩 바뀌고 나아지는 것이 필요하다. 파격적인 변화는 기존의 고객들에게도, 새로운 고객에게도 어필하기 어렵다.

8. 가게 운영은 아이들과 함께 뛰는 마라톤이다

식물이 자라는 데에는 일정한 양의 원소나 영양분이 필요하다. 만일 어떤 특정 원소가 부족하면 식물은 그 이상 생장하지 않는다. 즉, 가장 최소량으로 존재하는 원소가 그 식물의 생장을 결정짓는 것이다. 이를 최소량의 법칙이라고 한다. 비슷한 의미로 물통의 법칙을 이야기하기도 한다. 나무판을 모아 세워서 물통을 만들 때, 그 물통이 담을 수 있는 물의 높이는 나무판 중 가장 짧은 판에 의해 결정된다는 것이다.

유사한 사례로 컨설팅을 할 때 가장 많이 이야기하는 것이 있다. 가게를 운영한다는 것을 두고 어린아이 여러 명을 데리고 뛰는 마라톤에 비유한다. 여기서 우리 팀의 결승점 통과 시점은 맨 앞에서 달리는 아이가 아니라 맨 뒤에 들어온 아이의 시간으로 결정한다. 즉, 몇몇 아이만 잘 달릴 수 있도록 해서는 안 되고, 전체 팀이 빨라질 수 있도록 해야지만 그 팀의 러닝 타임이 단축될 수 있는 것이다.

당신이 운영하는 가게를 보자. 일단 즉각적으로 눈에 들어오는 요소는 청결함이다. 이는 단순히 불쾌감의 문제가 아니라 고객의 안전과 직결되는 문제이다. 특히 코로나를 겪고 난 후 청결에 대한 고객의 민감도는 너무나도 높아져 있다. 말 그대로 한 방에 모든 것이 무너져 내릴 수 있는 요소이다. 이 아이가 느리면, 즉 고객이 느끼기에 청결도가 다른 요소 대비 부족한 것으로 느껴지면, 당신 가게는 그 시점으로부터 무너져 내릴 것으로 봐도 무방하다.

가장 안타까웠던 사례가 있다. 한 라멘 가게가 오픈 전부터 마케팅을 공격적으로 준비했고, 말 그대로 가게 문을 여는 것과 동시에 사람들을 줄 세우는 데 성공했다. 일본 라멘 대회에서 우승한 경력이 있는 셰프가 주방을 맡고, 키 크고 훤칠한 동생이 홀과 카운터 관리를 하는 제법 큰 규모의 가게였다.

오픈 1개월 전부터 온라인 홍보를 시작했고, 작은 문제들은 있었지만 처음에 계획한 대로 모든 톱니바퀴가 잘 돌아가고 있었다. 오픈 당일의 무료 시식회도 말 그대로 초대박이 났고, 미리 음식을 경험했던 체험단의 글들도 시기를 맞춰서 분위기를 끌어올렸다.

그렇게 한 달간 선풍적인 인기를 끌었는데, 식기와 가게 바닥의 청결도가 엉망이라는 이야기가 SNS에 올라오기 시작했고 얼마 지나지 않아 음식에서도 이물질이 나왔다는 글도 나왔다. 그 내용도 너무나 구체적이었다. 숟가락에 세제 자국이 남아있었다는 사진과 글, 바퀴벌레가 국물 위에 떠 있는 사진까지. 그 글로 끝이었다. 라멘 대회 우승을 했던, 아무리 잘생긴 직원이 서빙을 하건 아무 도움이 안 되었다. 그렇게 가게 이미지는 추락했고 결국 다시 회복하지 못했다.

일단 사장님이 처음 가게를 운영해보면서 식자재에 대한 관리방법도 제대로 알지 못한 데다가, 홀을 맡은 동생이 점점 가게 청결 관리에 소홀하면서 발생한 사고였다. 가장 기본적인 것들을 놓친 셈이니 변명할 여지가 없지만, 너무나 아까운 상황이다. 조금만 잘 관리했더라면 자신들의 꿈이 생각보다 빠르게 이루어질 수 있었기 때문이다.

다음으로 가게가 무너지는 데 큰 영향을 주는 요소는 불만 고객의 관리였다. 원래 음식점의 특성상 불만의 요소가 많을 수밖에 없다. 특히나 고객마다 주관적인 평가가 다르므로 다른 업종에 비해 불만 포인트는 더 많다. 이러한 것들을 받아들이지 못하면 음식점 장사하기는 너무 어렵다. 하나의 음식을 두고 누군가는 짜고 누군가는 싱겁다고 할 수 있는 정반대의 평가가 내려질 수도 있기 때문이다.

이에 대해 우리는 우선 불만과 불평에 대해서 구분해서 생각해야 한다. 불만은 '어떤 고객이든 문제로 삼을만한 부분'을 뜻한다. 예약했는데 준비가 안 되어 있었다던가, 음식을 주문했는데 다른 음식이 나왔다든가 하는 등의 문제와 같이 객관적으로 봐도 누구나 문제 삼을만한 부분은 불만으로 평가할 수 있다. 그에 비해 불평의 경우에는 고객의 주관적인 판단이 들어간다. 예를 들면 직원들의 서비스가 마음에 들지 않는다던가, 음식 맛이 없다던가, 의자가 불편하다던가 하는 등의 상황이다.

일단 불만에 대한 개선은 즉각적으로 이루어져야 한다. 오늘 하루 운이 없어서 고객의 불만이 터져 나온 것이 아니다. 분명히 가게 운영에서 문제가 발생했기 때문에 철저하게 나의 잘못에 해당한다. 이런 부분은 고객에게 컨설팅을 받은 사례로 봐야 하는 것이 맞다. 따라서 그 컨설팅에 대한 충분한 보상을 해야 한다.

기억에 남는 가장 불만에 대한 대응을 잘한 곳은 한 돈가스 전문점이었다. 돈가스와 함께 나온 장국에서 비닐봉지의 일부분으로 보이는 조각이 나왔다. 나도 음식점과 관계된 일을 하는 사람인데 크게 화를 낼 수는 없었고, 조용히 가게 주인에게 알렸다. 그러자 사장님은 정말 미안한 표정을 지으면서 음식을 다시 해서 드리겠다고 하면서 고개를 조아렸다. 그리고 잠시 후에 와서 왜 이런 일이 벌어졌는지를 설명해주었다. 파를 잘라서 냉동실에 넣어서 쓰는데 얼어있던 파를 꺼내면서 비닐봉지가 일부 뜯어진 상황이라고 했다. 그리고 앞으로는 재발 방지를 위해서 봉지가 아니라 용기에 담아서 보관하겠다고 하면서 오늘 식사비용까지 받지 않겠다고 했다. 하지만 차마 그렇게까지는 하고 싶지 않아서 음식 비용은 지급하고 가겠다고 하니 집에 가서 드시라며 가라아게를 몇 조각 포장해주면서 상황이 마무리되었다.

기분이 몹시 나쁠 수 있는 상황이었지만, 사장님의 완벽한 대응에 오히려 신뢰가 갔다. 특히나 앞으로 어떻게 해서 재발을 방지할 것인지를 설명하는 과정이 좋았다. 미안해하는 태도, 원인 설명, 해결방안 설명, 마무리로 보상까지 하려고 하는 불만 대응의 정석이었다. 이러한 점은 모든 음식점 사장님들이 배워두면 좋겠다는 생각이 든다.

이번에는 불평에 대해 생각해보자. 아마도 불평이 많은 고객을 만나면 진상 고객이 걸렸다는 마음이 들 수 있다. 어차피 모든 사람의 입맛을 잡을 수는 없는 상황이니 그냥 그런 상황을 흘려보내는 것이 최선으로 생각할 수 있다. 하지만 불만이 우리 가게의 잘못된 부분을 바로잡는 시스템 개선의 기회라면, 불평은 단골을 만들 수 있는 최고의 기회다.

불평한다는 것은 나를 더 봐달라는 어린아이의 투정과도 같다. 그리고 어린아이는 부모가 그 투정을 받아주는 과정에서 더 많은 유대감을 쌓는다. 속상할 때 나를 보듬어주는 사람만큼 고마운 사람이 없기 때문이다.

지금 불평을 하는 고객은 - 물론 너무 어이없는 요구를 동반하지 않을 때만 해당하겠지만- 지금 자기 마음을 헤아려주면 너를 잊지 않겠다고 소리치는 사람이다. 그러니 그 사람의 요구를 다 들어줄 수 없다고 하더라도, 그 사람이 요구가 무엇인지는 진지하게 경청을 해야 한다. 그리고 어떻게든 그 사람을 위해 조그마한 것이라도 개선할 의지를 보여주는 것이 중요하다.

음식이 짜다고 이야기한다면 간을 하지 않은 별도의 육수를 내어주면서 다음에 와서 짜지 않게 해달라고 주문할 때 알려주시면 잘 반영하겠다고 하면 된다. 서비스에 불만이 있다고 하면 어떤 부분이 마음에 들지 않았는지 차분하게 듣고, 사과하고 다음에 다시 오면 더 나은 모습을 보일 수 있도록 노력하겠다고만 하면 된다. 실제로 개선하는 것은 둘째 문제다. 왜냐하면, 그 사람도 다음에 오면 같은 서비스에도 다르게 반응할 수도 있기 때문이다. 그 사람들에게 필요한 건, 지금 자기 이야기를 귀 기울여 듣는 누군가이다. 이 포인트를 놓쳐서는 안 된다.

불만과 불평, 분명히 불편한 일이고 기운 빠지는 일이다. 하지만 그 상황에서 개선점을 찾고 더 나아지겠다는 마음이 있어야 가게도 나도 성장한다. 단골고객, 충성고객은 절대 쉽게 얻어지지 않는다. 다만, 그런 고객을 얻으면 추후 든든한 우리 편이 되어준다는 것을 잊지 말자.

9. 패키지, 퍼포먼스 그리고 스토리

　많은 음식점을 다니면서 점점 더 많이 느끼는 것이 있다. 음식 장사를 성공시킨다는 것은 너무나 어려운 일이라는 것이다. 어떤 가게는 잘될 이유가 딱히 없는 것 같은데도 잘되고, 어떤 가게는 잘될 것 같은데 안되기도 하며, 딱히 맛있는 것 같지 않아도 줄 서는 가게도 있고 정말 맛있는데도 손님이 별로 없는 가게도 많다.

　한 가게가 오랫동안 살아남으면서 동시에 성공하는 것은 그 가게 음식의 맛이 결정짓는다. 이는 불변의 진리다. 하지만 최근 트렌드를 보면 단순히 음식의 맛으로만 모든 것이 결판나는 시절은 아니라는 것을 알 수 있다. 어쩌면 이제 음식 수준이 상향평준화 되어가는 것일 수도 있다. 오죽하면 이제 음식의 맛은 30%이고 나머지가 70%라는 말까지 나오는 상황이다. 완전히 동의할 수는 없지만, 최근에 사람들과 함께 가게 되는 음식점을 떠올려보면 어느 정도 일리가 있다. 내가 민감하지 않아서 그럴 수도 있지만, 음식 맛이 마음에 들지 않아서 기억에 남을 정도였던 음식점은 딱히 없었던 것 같다.

　그리고 어떤 음식점이 만족스러웠는지를 생각해보면, 단순히 음식 맛으로 평가하지 않게 된다. 식사하고 있었던 시간과 공간이 모두 즐거웠던 음식점이 떠오른다. 말 그대로 전체적인 평가를 하게 되는 것이다. 음식의 구성, 분위기, 비주얼(음식, 인테리어 등), 음악, 기물 그리고 상황에 따라서는 가게의 뷰까지도 평가 기준에 들어가는 셈이다. 즉, 이제

이러한 모든 것이 한 덩어리로 패키지처럼 판매되고 있는 셈이다.

우리 가게에 오는 고객들은 어떤 기준으로 방문을 하게 되는 걸까? 내가 의도한 대로 이 공간을 즐기고 있는 걸까? 그렇다면 여기서 내가 만든 패키지를 더 낫게 만들려면 무엇에 신경을 써야 하는 걸까?

우선, 우리 가게의 패키지가 고객의 오감을 어떻게 자극하고 있는지 생각해봐야 한다. 가장 중요한 것이 시각이라고 몇 번이나 반복해서 설명한 바 있다. 하지만 그렇다고 해서 나머지를 무시해서는 안 된다. 시장 입구에서 우리를 들뜨게 하는 것은 어디선가 풍겨오는 부침개를 부치는 기름 향이다. 바닷가에서 굳이 해변에 가까운 횟집에 앉으려고 하는 것은 바다를 담은 풍경만을 위해서가 아니라 파도 소리와 바다의 냄새를 같이 느끼기 위함이다. 피자를 손으로 들고 먹어야 더 맛있는 것은 우리 유전자에 손으로 직접 먹는 것이 더 만족스럽게 느끼도록 각인되어 있기 때문이다. 이처럼 다양한 방면에서 감각을 자극하는 방법을 고민해야 한다.

이러한 측면에서 고려해보면 식당 조명, 음악, 탁자, 수저 등 모든 것이 도구이다. 어떻게 해야 이 가게에서 최고의 순간을 보내고 돌아가게 할 것인지를 머릿속에서 그려내서, 그 그림을 현실로 바꿀 수 있어야 한다. 즉, 가게를 구성하는 것들을 하나하나 뜯어보는 것이 아니라, 전체를 함께 보는 능력이 있는 사장이 되어야 한다. 이것은 단순히 분석을 잘하고, 재료 수급을 잘하는 것과 같은 똑똑함이 있어야 하는 일과는 다르다. 머릿속에서 온전히 고객의 관점에서 가게를 접하고, 경험해내는 시뮬레이션이 필요하다.

그리고 세상 모든 일이 그러하듯, 기획과 실천은 완전히 다르다. 내가 그려낸 패키지를 구축할 수는 있지만, 그 패키지를 겪어낸 고객들이 내가 원하는 감정을 가지고 돌아가도록 하는 것은 다른 일이다. 이것은 말 그대로 퍼포먼스의 측면으로, 나 혼자만 해낼 수 있는 일이 아니다. 주방, 홀 모든 곳에 있는 직원들이 만들어내는 것이다. 고객이 가게를 방문하는 것은 패키지의 힘이겠지만, 다시 오고 싶은 곳으로 만드는 것은 퍼포먼스의 역할이다. 그리고 이 둘 사이에 괴리가 발생하게 되면 고객은 재방문하지 않는다. 보기에는 그럴 듯한데 정작 손님은 없는 가게, 바로 퍼포먼스가 떨어지는 가게인 것이다.

메뉴판에도 더 공을 들이고, 직원들의 서비스에 대한 교육투자도 해야 할 수도 있고, 매장 내의 기물이나 조명, 설비 등 신경 쓸 부분이 더 많아진다. 그리고 무엇보다 한 번으로 끝나는 것이 아니라 주기적으로 확인하고 퍼포먼스를 관리해야 한다.

패키지를 갖추고, 그에 걸맞은 퍼포먼스를 내는 것만 해도 너무나 대단한 일이다. 이것만으로도 가게는 원활하게 운영될 것이다. 그렇다면 이 지점에서 한 번 더 성장해서 명품 가게로 남는 방법은 없을까? 말 그대로 성공해서 사람들에게 관심을 받는 가게가 되는 방법을 고민한다면, 이제는 스토리를 고민해야 한다.

대부분은 스토리라는 말만 꺼내도 고개를 절레절레 젓는다. 우리 가게에는 거창하게 내세울 이야기도 없고, 나는 특별한 사람도 아니라서 그런 것은 만들 수 없다고 생각한다. 하지만 이것이야말로 가장 큰 오해다. 사람들은 거창한 이야기, 화려하게 성공해 낸 이야기에 관심 없다. 어떤 힘든 시간을 겪었고, 그 시간을 어떻게 이겨냈는지에 대해서 궁금해한다. 아니면, 말 그대로 삶을 살아내는 과정에서 마음을 건드려주는 뭉클한 이야기 한 편으로 충분하다.

부모님 없이 할머니와 사는 형제가 한 치킨집 앞에 서서 말다툼을 하고 있었다. 동생은 치킨이 먹고 싶다고 했고, 형은 주머니에 5천 원밖에 없으니 안된다고 다그쳤다. 우연히 그 모습을 본 가게 주인이 아이들을 가게로 들여서 치킨을 먹이고, 먹고 싶을 때는 언제든지 다시 와도 좋다고 아이들에게 이야기하고 돌려보냈다. 그렇게 1년이 넘는 시간이 흐른 후, 아이들이 사장님에게 감사의 편지를 보냈고 그 사연이 온라인에서 퍼지게 되었다. 그러자 소위 말하는 '돈쭐'을 내주려는 사람들이 모였고, 음식점이 난리가 나게 되었다.

속초의 한 생선구이 집은 너무나도 저렴한 가격으로 인기를 끌었다. 사람들은 어떻게 이 가격에 음식을 줄 수 있는지를 물었고, 알고 보니 두 부부가 장사하는데 남편이 새벽에 나가서 잡아 온 물고기로 아내가 장사 준비를 하는 것이었다. 아내는 점심부터 장사 준비를 하고, 남편은 낮에 잠시 쉰 다음에 함께 저녁 시간에 가게를 하는 것이었다. 빨리 장사를 마치고 돌아가서 쉬고 싶어서 그날 잡은 생선을 얼른 팔아야 했고,

그러다 보니 저렴한 가격으로 팔기 시작했는데 손님들이 좋아하니 가격을 올리지도 못하고 그냥 이대로 10년째 장사를 하고 있다고 했다.

위의 이야기 어디에도 화려하거나 거창한 이야기는 없다. 하지만 우리의 마음을 흔들고, 곧 멋진 가게로 우리 마음에 남는다. 이런 이야기는 당신의 가게, 당신의 직원들 그리고 당신에게 분명히 내재해 있다. 부끄러워하지 말고 세상에 보여줄 수 있어야 한다. 그것이 명품 가게를 만드는 정말 중요한 키포인트가 되어주기 때문이다.

그리고 가능하다면 이러한 이야기를 하나씩 쌓아가는 것이 필요하다. 그리고 그 이야기는 어느 한 곳에 정리되어 있어야 한다. 블로그에 기록하던, 인스타에 사진과 함께 짧은 한마디를 남기던, 기록으로 남아서 사람들에게 전달될 수 있도록 해야 한다.

창업 과정의 여러 이야기, 사장님 자신의 이야기, 메뉴를 만들 때 고생했던 이야기, 식자재를 확보하기 위해 하는 노력, 홀 운영하면서 있었던 에피소드, 직원들 사이의 이야기들, 고객이 고마워했던 이야기들. 이런 다채로운 이야기들을 정리해서 보여줄 수 있다면 앞으로의 세상에서 가장 큰 무기가 되어줄 것이다.

좋은 마음을 담은 스토리는 전달되면서 미화되고 확장되는 형태로 재생산된다. 그리고 그 스토리를 주변에 들려주는 사람은 자연히 우리 가게의 충성 고객이 된다. 요즘 세상에 기업과 방송도 믿지 않는 현상이

짙어지고 있지만, 내 지인이 해주는 맛집의 이야기에는 너무나도 큰 신뢰를 보여주고 있다.

잊지 말자. 패키지와 퍼포먼스. 그리고 그 위에 더해지는 스토리가 있어야 당신의 가게가 반짝반짝 빛나게 될 것이다.

10. 직원은 주인이 아니다

사장님들을 만나보면 한결같이 늘어놓는 푸념이 있다. 일할 사람이 없다는 것이다. 특히 코로나 시절에 떠난 주방 인력들은 잘 돌아오지 않고 있다. 그리고 밤늦게까지 일할 사람을 구해야 하는 가게는 특성상 남자 직원들이 필요할 때가 많은데, 코로나 시기에 배달 특수로 인해 그 시장에 뛰어든 사람들은 식당으로 돌아오지 않는다. 배달은 자기가 원하는 시간에 원하는 만큼만 일할 수 있다 보니, 근무 탄력성이 좋아 개인의 시간 관리가 유리한 장점이 있기 때문이다.

물론 최근에는 코로나 이후 오프라인 모임이 조금 늘어나면서 배달 시장이 주춤한 경향은 있지만, 그래도 홀에서 근무할 남자 직원을 구하는 것은 몹시 어렵다. 대도시뿐 아니라 소규모 지방 도시의 경우에는 점점 그 현상이 심각해지고 있다. 그만큼 사람을 구하기 어렵고, 그중에서 소위 일 잘해서 마음에 쏙 드는 사람을 만나는 것은 삼대가 덕을 쌓아야 한다는 우스갯소리가 나올 만큼 어려운 일이다.

하지만 이런 인력난 속에서도 잘되고 있는 가게는 분명히 있다. 그런 가게는 직원이 바뀌는 일이 잘 일어나지 않는다. 그리고 그 시간과 더불어 노련한 베테랑이 된다. 마케팅 회의를 방문했던 가게 중에 가장 인상 깊었던 곳은 서울의 한 대창 집이었다. 사장님께 이 가게의 가장 큰 장점이 무엇이냐고 물었을 때 그분의 대답은 이랬다.

"글쎄요. 내가 딱히 뭘 잘했거나 한 건 없어요. 내세울 만한 것도 변변치 않고요. 그런데 자랑할 게 하나 있기는 하네요. 우리 매니저님 두 분은 여기서 근무한 지 50년이 넘었어요. 그게 제일 큰 자산인 것 같네요."

궁금했다. 어떻게 음식점에서 50년을 넘게 근무할 수 있었을까. 당사자를 만나 어떤 이유로 그렇게 오랜 시간 이 가게에서 일하실 수 있었는지 물었다. 그 대답은 이랬다.

"처음에는 사장님하고 같이 무슨 일이든 다 같이 했어요. 그때는 그

랬으니까. 사실 사장님이나 우리나 똑같았지. 그리고 시간이 지나면서 가게가 커지니까 다른 일을 맡아서 하게 되더라고요. 저는 직원들 관리하는 일, 다른 한 분은 가게 전체 관리하는 일. 그것도 사장님이 도와달라고 하셔서 같이 하게 된 거예요.

하나씩 새로운 것을 배우는 것도 재미있는 편이었고, 가게가 커가는 것도 함께할 수 있어서 좋았지요. 새로운 일을 하는 것에 우리가 주저할 때도 있었는데, 그 때마다 같이 해보자고 힘을 실어 주셨어요. 그리고 우리를 가족처럼 챙겨 주셨어요. 아이들 대학 등록금까지 챙겨주실 정도로 신경 써주셨으니 그저 감사하게 다녔지요."

이 이야기에 직원을 대하는 좋은 사장님의 태도가 무엇인지 잘 나타나 있다. 우선 직원이 이곳에서 성장할 기회를 마련해 주었다. 아르바이트를 구할 때, 돈도 중요하지만 그 가게에서 일하면서 배울 것이 있는 곳인지도 검토하는 것이 당연하다. 그러니 여러분의 가게도 직원이 발전할 수 있는 곳인지를 생각해야 한다. 일하려는 사람이 자신의 귀한 시간을 들여서 단 1%라도 발전할 가능성이 있어야 당신의 가게를 선택하게 된다.

또한, 자기가 사장이라고 해서 직원들을 아랫사람처럼 다루려고 하지 않았다. 사장님이라고 해서 목에 힘을 주고 뻣뻣하게 직원을 대하면, 직원은 알겠다는 대답만 할 뿐 실제로 하지는 않을 것이다. 사장이 먼저 고객에게 큰 소리로 인사하고 고개를 숙이는 모습을 보여야 한다. 직원들에게 돈 받았으니 인사도 잘하고 일도 열심히 하라고 고압적으로 대해서는 될 일이 하나도 없을 것이다.

두 번째는 직원이 바라보기에도 공평하다고 느낄 만큼 수익을 분배한다는 것이다. 이와 관련해서는 한 인천 냉면집의 사례를 소개하고자 한다. 세숫대야 냉면의 원조 가게로 유명한 곳으로, 직원들에게 월급이 아니라 일당으로 임금을 지급한다고 했다. 처음에는 그 말을 이해할 수 없었다. 대체 어떤 직원이 일당으로 임금을 받는데 그 가게를 지속해서 다니려고 하며, 그렇게 하는데도 가게가 승승장구할 수 있는지 알 수 없었다. 하지만 사장님의 설명을 들으니 이해가 갔다.

"영업이 끝나면 하루 매상을 테이블에 펼쳐놓습니다. 그리고 임대료와 세금, 사장 몫으로 3분의 1을 빼고, 재료비용으로 3분의 1을 빼고, 나머지는 그날 근무한 직원들에게 공평하게 나눠줍니다."

여름이면 하루에 몇천 그릇씩 팔리는 가게인데도 힘드니까 사람 더 뽑자는 말이 나오지 않는다고 했다. 그리고 재료 관리와 서비스도 직원들이 사장보다 더 꼼꼼하게 챙긴다고도 했다. 아파도 쉬려는 직원이 없고, 재료가 좋지 않으면 알아서 돌려보내고, 재고가 쌓이거나 재료가 상해서 손해가 나지 않도록 최선을 다해서 관리하는 것도 직원들이 알아서 하는 가게였다. 나 같아도 저런 조건이라면 두말없이 열심히 일할 것 같다. 내가 일한 만큼 공평하게 받아간다는 느낌을 받기 때문이다. 말 그대로 주인의식이 샘솟는 환경일 것이다.

하지만 사장 처지에서는 선택하기 어려운 결정이다. 물론 직원들이 나만큼 열심히 하는 가게를 원하지만, 당장 눈앞의 손해가 너무 크게 느껴지기 때문이다. 실제로 이런 결정을 할 수 있는 가게는 많지 않을 것이다. 하지만 적어도 직원 관리를 어떻게 해야 오랜 기간 함께 갈 수 있을 것인지에 대한 아이디어는 얻었을 것이다.

내가 먼저 내주어야만 돌아온다. 특히 사람 관계는 그렇다. 상대를 귀하게 대하고, 내가 얻을 것을 내려놓을 줄 알아야 그 사람들의 마음을 얻을 가능성이 생긴다. 물론 내가 내어주었다고 해서 반드시 돌려받는 것은 아니다. 나 혼자만의 짝사랑인 것처럼 아무 소득 없이 끝날 수도 있다. 하지만 그럼에도 불구하고 좋은 사람을 얻고자 한다면 먼저 내려놓을 수 있어야 한다는 것은 어떤 일에서든 기본 진리가 아닌가 싶다.

그리고 직원의 퍼포먼스가 부족하다면 그 자리는 내가 채운다고 생각해야 한다. 그 직원의 퍼포먼스가 부족하니 바로 다른 사람으로 교체하겠다는 발상은 장기적으로 전혀 도움이 되지 않는다. 옆 사람이 쉽게 그만두고 나가는 환경이 발생하는데, 다른 직원들이 이 가게에서 열심히 일할 마음이 생길 수는 없는 노릇이기 때문이다.

그리고 처음부터 마음에 쏙 드는 사람을 찾으려고 애쓰는 것도 바람직하지 않다. 만약 그런 사람이 있다면 굳이 왜 당신 밑에서 계속해서 일하려고 하겠는가. 지금 당장이야 배워야 할 것이 있거나 돈이 부족한 문제로 당신 밑에 있을 수 있겠지만, 앞으로 기회가 되면 무조건 자기 가게를 얻어서 성공을 도모하게 될 것이다. 그러니 70%만 마음에 들어도 감사하면서 일하고, 나머지 30%는 당신이 채우는 것이 더 현명한 선택이다.

4

자주 마주하는 질문들

4 자주 마주하는 질문들

1. 광고를 하고도 매출이 떨어지셨다고요?

마케팅을 의뢰하시는 분들이 가장 큰 오해를 하는 부분입니다. 마케팅 또는 광고를 하면 매출이 올라간다고 생각하시기 쉽지만 절대 그렇지 않습니다. 마케팅을 통해서 우리가 이루고자 하는 것은 더 많은 곳에 노출되는 것입니다. 일반적으로 온라인상에서 마케팅을 수행하게 되는데, 이 과정에서의 목적은 더 많은 사람이 우리의 성과물을 보고 이 가게의 존재를 알게 하는 것입니다.

물론 많은 경우에 마케팅을 통해 온라인상에 노출이 되면 손님이 늘어나고 매출이 늘어납니다. 그러나 예상치 못한 문제는 발생하기 마련입니다. 예를 들어 손님이 한참 몰려드는 시기에 음식에 문제가 있거나 위생상 불편한 일이 벌어지는 경우가 있습니다. 또는 갑자기 늘어난 손님에 홀에서 과부하가 걸려서 서비스가 무너지는 현상도 발생합니다. 그러면 이러한 상황이 온라인에 올라가게 되고, 이 효과로 인해 갑자기 사람들이 방문하지 않는 현상이 벌어지기도 합니다. 우리가 애써 홍보한 성과물보다 그 사람들의 게시물이 더 많은 사람에게 읽히게 되는 현상이 벌어지면 오히려 홍보가 역효과가 될 수도 있는 셈이 되는 거지요.

그러니 마케팅을 하기 전에 우선 우리 가게가 어디에 내놓아도 문제가 없을 만큼 준비가 되었는지를 살펴보아야 합니다. 음식, 비주얼, 인테리어, 위생상태, 서비스 등등 모든 것에서 시스템이 갖추어졌을 때 화룡점정을 하기 위한 수단으로써 마케팅 의뢰가 이루어지는 것이 최상이니까요.

"왕이 되려는 자, 왕관의 무게를 견뎌라."라는 표현이 있습니다. 많은 손님을 받으려면 그만큼 그릇이 갖춰져야 가능한 일입니다. 내 가게가 어떤 수준인지, 냉정하게 판단해보는 것이 먼저가 아닐까 합니다.

2. 음식이 맛있는데 왜 안 팔리냐고요?

음식이 맛있다는 평가는 누가 해 준 건가요? 대부분은 자기 손맛이 수준급이라고 이야기합니다. 그 배짱은 높이 살만하지만, 실제로 당신의 손맛이 뛰어난지는 알기 어렵습니다. 그리고 맛이라는 것은 주관적인 평가에 달려 있을뿐더러, 비교 대상이 있어야 할 수 있는 이야기입니다. 즉, 내가 저 가게보다는 맛이 있다는 스스로 확신도 필요합니다. 시장 조사를 해야 한다는 것입니다. 유사 메뉴를 파는 다른 가게에 가서 그 가게 음식의 장점을 파악해보세요. 그리고 그 가게의 장점을 우리 가게에 가져올 방법이 없는지를 고민하세요. 단순히 우리 가게 음식이 더 맛있다, 아니면 저 가게 음식이 더 맛있다는 승부를 내자는 것이 아닙니다. 말 그대로 우리 음식을 어떻게 개선하면 좋을지를 다른 가게 음식을 통해 알아내야 합니다.

그리고 내가 혼자 생각하기에 맛있다고 느끼는 것은 중요하지 않습니다. 다수의 고객이 좋아하는 맛을 찾아야 합니다. 돈을 내면서 먹는 사람들이 만족해야 합니다. 내가 담백한 음식이 좋다고 해도 고객들이 자극적인 음식을 원하면 그 방향으로 맞춰져야 합니다.

두 번째, 당신이 파는 음식의 가격이 과연 적정한 것인지를 생각해봐야 합니다. 대부분 길 건너 가게의 제육볶음이 만원이니까 우리도 만 원

받는 것은 적정하다고 생각합니다. 과연 그럴까요? 그 가게에서 파는 제육볶음과 당신이 파는 제육볶음이 과연 같은 음식인지부터 확인해야 합니다. 기본 반찬 구성, 인테리어, 분위기, 밥의 품질까지 모든 것이 똑같을 수 없습니다. 이 중에서 하나라도 부족하면 고객은 바로 압니다. 제육볶음은 건너편에 그 가게에 가서 먹는 게 더 낫다는 것을요.

또한, 앞서서 장사해온 사람들의 경험 차이도 무시해서는 안 됩니다. 당신이 아무리 평가해봐도 당신의 음식이 더 맛있을 수도 있습니다. 하지만 한 자리에서 30년간 장사를 한 가게와 이제 막 오픈한 당신의 가게를 두고 본다면 같은 가격일 때 사람들 대부분은 30년간 장사를 해온 곳으로 갑니다. 이럴 경우에는 당신의 음식이 더 맛있더라도 무조건 가격 정책에 신경을 써야 합니다. 처음 족발집을 내면서 이미 오래된 주변 가게들처럼 5만 원을 받으면 당신은 망할 수밖에 없습니다. 당신의 족발이 더 맛있어도 고객은 같은 가격이면 절대 당신의 가게 음식을 먹어보는 도전을 하지 않습니다. 약 10~20% 저렴한 가격, 그러니까 4만 2천 원에서 4만 6천 원 사이의 가격을 받아야 고객들이 방문을 고려하는 가게가 됩니다. 여기다가 소주 한 병 무료, 또는 계란찜 하나 무료와 같이 마지막 한 방이 더해져야 고객이 고개를 끄덕이며 들어옵니다.

음식이 맛있는지 다시 한번 확인해보시고, 그리고 주변 상권에 자리 잡은 터줏대감의 가격 정책도 꼼꼼히 살핀 후에 적정 가격을 산정해보시기 바랍니다.

3. 이런 가게를 인수하는 건 어떤가요?

한창 대왕 카스텔라가 뜨던 시절, 그리고 얼마 전에 인기를 끌었던 탕후루가 히트를 치던 시절에는 많은 사람이 카스텔라 집이나 탕후루 가게를 열면 어떠냐는 질문을 했습니다. 지금 잘나간다고 하니 기존에 잘나가는 점포를 높은 권리금을 주고라도 인수할 만하다고 생각하는 분들이 많았지요. 당장 눈앞에 돈이 보이는 것 같아서 조급한 마음에 시도해보려는 것이 아닐까 싶었습니다. 무엇보다도 음식 장사를 단순히 돈을 벌 수단으로만 생각하고 있는 것 같아서 안타까웠습니다.

실제로도 이런 식으로 가게를 인수하고 운영하는 분들이 많습니다. 하지만 그럴 때 정작 어떤 사람들이 돈을 벌었는지 저는 알고 있습니다. 바로 가게를 인수해준, 원래 주인이지요. 그들의 방법은 언제나 유사합니다. 찜닭 때도, 카스텔라 때도, 탕후루도 예외 없이 모두 같은 패턴이니까요.

우선 사람들에게 생소한데 뜰 것 같은 콘텐츠를 찾습니다. 이런 아이템을 찾는 것은 분명히 뛰어난 능력에 해당합니다. 그리고는 해당 가게를 약 10개에서 15개 가량을 전국에 오픈합니다. 자본이 많이 있어야 하는 일이지만, 이후에 벌 돈을 생각하면서 과감하게 투자합니다. 그렇게 한 6개월에서 1년 정도 가게를 운영합니다. 그리고 그 콘텐츠가 히트하고 인기를 끌면, 인수하려는 사람들이 나타납니다. 그러면 일단 몇 달간은 팔지 않다가 관심을 가진 사람들이 많이 늘어나면 한 번에 그 가게를 모두 처분합니다. 이때 벌어들이는 수익은 처음에 투자할 때 비해서 몇 배 이상입니다.

마치 주식으로 치면 세력들이 펼치는 작전과 유사합니다. 어떤 주식이 갑자기 상승하면, 개미 투자자들이 몰려들고 그렇게 가격이 급상승하면 적당한 때를 봐서 세력들은 청산하고 나갑니다. 그러면 그 이후의 힘든 상황은 모두 개미들이 떠안게 됩니다.

이 상황이 음식점 사업에서도 일어납니다. 특히나 위에 언급한 아이템들에서는 아주 심하게 그런 일들이 일어났죠. 그러니 주변의 이야기에 휩쓸려서 아이템을 덜컥 결정하고 빠른 시일 내에 돈을 벌기 위한 음식 사업을 하지 않으시길 바랍니다. 잘되면 좋겠지만, 결국 대부분 사람이 큰 손해를 보는 상황이 벌어지니까요.

시간이 걸리더라도, 내가 좋아하는 음식을 가지고 다른 사람들이 맛있어서 사 먹을 만한 수준으로 만들어내시길 바랍니다. 그렇게 만든 음식으로 성공하는 것이 훨씬 더 보람 있는 일일 테니까요.

4. 잘되는 프랜차이즈와 안되는 프랜차이즈의 차이는 무엇인가요?

프랜차이즈를 오픈할 때 큰 오해가 있습니다. 본사에서 하나하나 세세하게 모든 것을 지정해주어야 좋을 것이라는 생각입니다. 그리고 내가 건의하면 본사에서 정말 긴급하게 조처를 해주는 프랜차이즈가 좋을 것으로 생각하기에 십상입니다. 하지만 이것은 극히 초기에나 좋은 상황일 따름입니다.

본사에서 쳐주는 울타리 안에서 당신이 자신의 의지로 일을 해나갈 수 있어야 합니다. 본사에서 보내주는 단무지보다 내가 만드는 단무지가 훨씬 맛있다면 그 재료만이라도 내가 만든 단무지로 바꿀 수 있어야 합니다. 그만한 자율성도 없다면 이것은 내 가게가 아니라 그들의 가게일 테니까요.

내가 건의하는 것에 민감하게 반응하는 본사가 좋지 않은 것에도 이유가 있습니다. 가맹점이 나 하나뿐만이 아닐 텐데 그때마다 점주들에게 휘둘린다면 이 프랜차이즈는 방향을 잃고 흔들리는 배와 같습니다. 점주가 결정할 것, 그리고 본사가 결정할 것을 명백히 구분하여 서로의 영역을 침범하지 않아야 합니다.

대규모 광고나 저렴한 가격에 대량으로 식자재를 확보하는 일은 본사에서 하되, 그 안에서 균형을 잡아가면서 자신의 색깔을 더해가는 점주가 있는 프랜차이즈가 가장 이상적입니다. 만약 프랜차이즈에 가입하고자 한다면 이런 점을 꼭 확인해보시면 좋겠습니다. 해당 프랜차이즈의 가맹점을 몇 군데 방문해서 음식을 먹어보고, 인테리어와 전체적인 분위기 같은 것을 확인하면 분명히 느끼시는 바가 있을 겁니다.

5. 마케팅 비용은 어떻게 산정하나요?

정해진 바는 없습니다. 하루에 1만 원, 하루에 2만 원으로 직접 광고를 하시는 분들도 있고, 한 달에 300만 원, 500만 원씩 쓰는 분들도 있습니다. 결국, 20억짜리 TV 광고도 마케팅 비용에 해당하는 셈인 거죠. 어떤 수준으로 얼마나 많은 사람에게 가서 닿겠는가에 따라서 가격은 변화하기 마련입니다.

그러니 역으로 생각해보셔야 합니다. 구체적으로 얼마큼 많은 사람에게 닿고 싶은지를 생각해보시기 바랍니다. 달성 목표가 정해지면 그에 맞춰서 협의를 통해 예산을 조정하는 것이 더 현실적입니다. 아니라면, 가진 예산이 어느 정도이니 이 예산에 맞춰서 할 수 있는 마케팅 수준이 어느 정도인지를 확인하고 거기서부터 조정을 하는 것도 좋은 방법입니다.

6. 음식점 경험이 없는데 일단 가게를 열어도 될까요?

단도직입적으로 말씀드립니다. 절대 하지 마세요. 입지가 아무리 좋아도, 당신의 음식이 아무리 맛있어도 경험이 필요합니다. 음식점 사업도 공유 주방에서 전문 배달점을 하지 않는 한 임대료와 초기 투자비가 매우 높은 사업입니다. 한 번 삐끗하면 다시 되돌리기 너무나 어려운 현실을 간과해서는 안 됩니다. 부모님이 해 준 김치찌개가 맛있다고 똑같이 준비해서 한번 팔아보세요. 과연 얼마가 남을까요? 아마 버는 것보다 쓰는 돈이 더 많이 들어갈 겁니다.

그러면 어떻게 해야 하냐고요? 일단 두 가지 형태로 미리 일을 해보셔야 합니다. 첫 번째, 같은 음식을 파는 다른 가게에서 일을 해보세요. 가능하면 잘되는 가게와 안되는 가게를 모두 경험해보면 좋습니다. 이 과정에서 재료를 어떻게 확보하고, 관리는 어떻게 해야 하는지, 냉장고는 얼마나 큰 사이즈를 해야 하는지, 화구와 요리 도구들은 얼마나 갖춰야 하는지를 배웁니다. 하다못해 저녁에 마감할 때 마무리 청소를 어떻게 해야 하는지를 기존에 운영되고 있는 가게에서 배우세요. 가능하다면 1년 정도 일하면서 사계절을 지나가는 과정을 모두 보는 것이 좋습니다.

두 번째는 내가 가게를 열고 싶어 하는 동네에서 3개월에서 6개월은 일해보세요. 어떤 손님들이 많은지, 상권의 특징이 있는지, 주요 타겟을 어떤 사람들로 잡아야 하는지 등을 고민하는 시간입니다. 이 정도 준비는 하고 나서 가게를 열어야 합니다.

한 번뿐인 음식점 운영 도전일 가능성이 큽니다. 그 도전을 대충 시작했다가는 절대 살아남지 못합니다. 음식 장사는 이미 전쟁터를 방불케 하는 경쟁이 이루어지고 있으니까요.

7. 몇 평짜리 가게가 좋을까요?

경험에 따라 다릅니다. 충분한 경험이 있으시다면 넓게 시작하셔도 됩니다. 하지만 처음이라면 무조건 작게 여세요. 되도록 혼자서 주방과 홀까지 모두 커버할 수 있는 상황이어야 합니다. 분명히 정신이 하나도 없을 것입니다. 하지만 그 과정에서 가게의 모든 것을 내가 피부로 느끼고 알게 됩니다. 그래서 온전히 가게가 내 손안에 들어오게 된 다음, 매출도 잘 나온다면 그때 확장하셔도 문제없습니다.

테이블이 6개만 되어도 됩니다. 단지 하나의 테이블만 운영하는 식당도 요즘에는 쉽게 찾아볼 수 있습니다. 어떤 콘셉트로 장사를 하느냐에 따라 다른 거지요. 테이블이 많다고 해서 돈을 많이 버는 것은 절대 아니라는 점을 기억하시길 바랍니다.

8. 좋은 입지나 상권을 구하려면 어떻게 해야 하나요?

　상권의 힘은 큽니다. 하지만 요즘은 상권의 영향이 예전만큼 절대적이지는 않습니다. 오히려 콘텐츠가 어떤 것이냐에 더 영향을 많이 받는 것으로 보입니다. 예를 들어 우동집이 오래 하다가 망해나간 자리에 유사 업종에 해당하는 분식집이 들어와서 승승장구하는 사례도 있습니다. 사실 요즘 같은 시기에는 교통조건이 크게 불편할 일이 없습니다. 특히 서울은 워낙 지하철이 촘촘하게 배치되어 있다 보니, 콘텐츠의 힘이 더 커지고 있는 것으로 보입니다.

　하지만 여전히 상권 자체의 힘은 무시할 수 없습니다. 그러니 높은 권리금을 내고서라도 사람들이 많이 모이는 곳에 진출하고 싶은 것이겠지요. 자 그렇다면 좋은 상권에 내 가게를 구하려면 어떻게 해야 좋을까요?

　일단 발품을 충분히 파셔야 합니다. 주변을 걸어 다녀보고, 상가의 입점 가게들 및 고객들을 파악하고, 상권의 주 연령층, 유동인구, 타겟이 될만한 사람들이 누구인지 한 달 정도는 그 주변을 다녀봐야 할 것입니다.

　특히나 유동인구를 파악하기 위해서 주중 점심과 저녁, 주말 점심과 저녁을 모두 최소 2회 이상 반복해서 그 동네를 확인해야 합니다. 그리고 사람들이 이 주변에서 식사하거나 술을 마시는 등 머무는 사람들이 많은지, 아니면 그냥 지나치는 동네인지도 확인해야 합니다.

그리고 마음에 드는 곳이 있어도 꼼꼼하게 확인해야 합니다. 부동산끼리도 정보가 다르고, 온라인에서 찾을 수 있는 정보도 다 다를 가능성이 큽니다. 그러니 절대 쉽게 결정하지 말고 까다롭게 고르고 또 고르세요. 아무리 강조해도 과하지 않습니다.

저자 오사장

학창 시절부터 페이스북 마케팅을 통해 자연스럽게 마케팅에 입문. 동시에 다양한 분야의 사업에 도전해 본 경험을 바탕으로 요식업 관련 마케팅 회사를 시작.
3년 여 만에 다수의 직원과 함께 하는 회사로 성장 시키고 이제는 그간의 이야기를 세상에 전달하고자 함.

불행회로
요식업 시장, 살아남는 것이 성공보다 우선이다

1판 1쇄 발행	2024년 4월 22일
1판 2쇄 발행	2024년 5월 24일
지은이	오사장
발행인	김창덕
편집인	민복기
편집조판	권재희
표지디자인	이은우, 안수이
발행처	이스트브릿지
주소	서울시 마포구 어울마당 130, 3395호
이메일	eastbridge.publisher@gmail.com
팩스	0504-051-5096
출판등록	2024년 2월 15일 제 2024-000037호
ISBN	979-11-987314-0-1(03320)

- 이 책은 이스트브릿지와 저작권자의 계약에 의해 출판된 것이므로 무단 전재 및 유포, 공유, 복제를 금합니다.
- 이 책 내용의 전부 또는 일부를 이용하려면 반드시 저작권자와 이스트브릿지의 서면 동의를 받아야 합니다.
- 잘못 만들어진 책은 판매처에서 교환해드립니다.